CIRO COSTA CHAGAS

CORRUPÇÃO

Processo Sancionatório, Administrativo e Penal em uma Perspectiva de Direito Comparado

CB120735

CIRO COSTA CHAGAS

Doutorando em Direito Penal e
Sistema Financeiro Nacional pela UFMG

Mestre em Direito das Relações Econômicas
e Sociais pela Faculdade Milton Campos

Especialista em Derecho Penal Económico y Teoría del Delito
(Universidad Castilla La-Mancha- Espanha)

Especialista em Direito Tributário pela Universidade Gama Filho

CORRUPÇÃO

Processo Sancionatório, Administrativo e Penal em uma Perspectiva de Direito Comparado

2ª tiragem

Del Rey editora

Belo Horizonte
2020

Copyright © 2019 Editora Del Rey Ltda.
Nenhuma parte deste livro poderá ser reproduzida, sejam quais forem os meios empregados, sem a permissão, por escrito, da Editora.
Impresso no Brasil | Printed in Brazil
EDITORA DEL REY LTDA.
www.editoradelrey.com.br

www.editoradelrey.com.br

Editor: Arnaldo Oliveira

Editor Adjunto: Ricardo A. Malheiros Fiuza
In memoriam

Diagramação / Capa: Alfstudio

Revisão: Responsabilidade do autor

EDITORA
Rua dos Goitacazes, 71 – Lojas 20 a 24
Centro - Belo Horizonte-MG
CEP 30190-909
Comercial:
Tel.: (31) 3284-3284 | 25163340
vendas@editoradelrey.com.br
Editorial:
editorial@editoradelrey.com.br

CONSELHO EDITORIAL:
Alice de Souza Birchal
Antônio Augusto Cançado Trindade
Antonio Augusto Junho Anastasia
Antônio Pereira Gaio Júnior
Aroldo Plínio Gonçalves
Carlos Alberto Penna R. de Carvalho
Dalmar Pimenta
Edelberto Augusto Gomes Lima
Edésio Fernandes
Felipe Martins Pinto
Fernando Gonzaga Jayme
Hermes Vilchez Guerrero
José Adércio Leite Sampaio
José Edgard Penna Amorim Pereira
Luiz Guilherme da Costa Wagner Junior
Misabel Abreu Machado Derzi
Plínio Salgado
Rénan Kfuri Lopes
Rodrigo da Cunha Pereira

C433c **Chagas**, Ciro Costa.

Corrupção: Processo Sancionatório, Administrativo e Penal em uma perspectiva de Direito Comparado / Ciro Costa Chagas. – 1. ed. - Belo Horizonte, MG : Editora Del Rey, 2020.
222 p.

ISBN 978-65-5533-019-9

1. Corrupção. 2. Direito Administrativo. 3. Direito Penal. 4. Ética. 5. Moral. I. Título. II. Assunto. III. Chagas, Ciro Costa.

CDD 342.088
20-99068001 **CDU 342.924:343.13**

ÍNDICE PARA CATÁLOGO SISTEMÁTICO
1. Direito Constitucional e Administrativo: Responsabilidade por abuso de poder, corrupção, etc.
2. Atos legais e Atos administrativos; Processos criminais. Instrução penal.

Ficha catalográfica elaborada pelo bibliotecário Pedro Anizio Gomes CRB-8 8846

De tanto ver triunfar as nulidades; de tanto ver prosperar a desonra, de tanto ver crescer a injustiça. De tanto ver agigantarem-se os poderes nas mãos dos maus, o homem chega a desanimar-se da virtude, a rir-se da honra e a ter vergonha de ser honesto.

(Rui Barbosa)

AGRADECIMENTOS

Desafio tão grande quanto escrever este livro foi utilizar apenas uma página para agradecer as pessoas que fizeram parte de minha trajetória. Agradeço à família, razão de tudo, pela compreensão e estímulo ao meu entusiasmo pela academia. Aos meus pais pelo acolhimento de sempre e exemplo diário. Ao meu querido irmão que tanto me ajudou nestes últimos dois anos.

Ao Professor Doutor Luciano Santos Lopes, pelo incentivo originário e exemplo para a busca desta titulação acadêmica e, pelas palavras de aconselhamento, amizade e afeto. Ao meu orientador, Jorge Mascarenhas Lasmar, por despertar a busca pelo direito econômico e direito comparado, com suas palavras serenas e sempre objetivas. Aos queridos professores do Mestrado, especialmente à professora Doutora Cristiana Maria Fortini Pinto e Silva, professor Doutor Carlos Alberto Rohrman, professor Doutor Lucas de Alvarenga Gontijo pelas valiosas lições e instigantes debates.

À minha irmã de vida, Rosilene Maia de Souza, pela confiança cotidiana e compreensão com o tempo dedicado aos estudos e à conclusão deste estudo.

Aos também colegas do escritório Souza & Chagas, por demonstrarem ser possível aliar a busca pela excelência acadêmica e a prática da advocacia em alto nível.

A todos os colegas do curso, em especial aos amigos Thiago Rodrigues e Paulo Marajá por tanto me ensinarem nessa jornada dura, mas gratificadora.

Finalmente, nominar claramente a pessoa que esteve ao meu lado em cada tomada de decisão e angústia superada, meu amor, Barbara: se fosse para ser discreto, o coração não pulsaria.

SUMÁRIO

NOTA DO AUTOR

O intenso debate sobre o impacto da corrupção estimulou diversos Estados a discutirem maneiras de se combater o fenômeno de forma a mitigar seus efeitos na economia e em suas instituições democráticas. Para tanto, vários estudos foram produzidos, compromissos internacionais foram firmados e legislações internas foram editadas, a fim de conter o avanço degradante do problema aqui também questionado.

Em atenção aos compromissos assumidos pelo Brasil quando da ratificação de convenções internacionais sobre o tema – como as da Organização para Cooperação e Desenvolvimento Econômico (OCDE), da Organização dos Estados Americanos (OEA), da Organização das Nações Unidas (ONU), dentre outros – bem como ao contexto político à época em que protestos populares tomaram as ruas do país, aprovou-se a redação final do Projeto de Lei nº 6.826/2010, culminando na promulgação da Lei Ordinária nº 12.846, de 1º de agosto de 2013, conhecida como Lei Anticorrupção, cuja eficácia, em face da *vacatio legis* a que foi submetida, teve início em 29 de janeiro de 2014.

Dentre os inúmeros aspectos relevantes, destaca-se como objeto de estudo deste trabalho a autonomia expressa concedida à esfera administrativa no processo de responsabilização de pessoas jurídicas, declarada em seu artigo 18, independente de eventuais responsabilizações judiciais. A legislação em pesquisa também tentou reforçar a consensualidade, prevendo a possibilidade de Acordos de Leniência em inspiração a outras normativas já vigentes, tais como o termo de ajustamento de conduta previsto na Lei da Ação Civil Pública, o acordo de leniência e o termo de compromisso de cessação no Conselho Administrativo de Defesa Econômica, além de outros acordos administrativos formalizados pelas Agências Reguladoras.

Sem pretensão de esgotar todos os desdobramentos do tema, mas abalizando algumas premissas que desenvolveremos neste estudo, buscaremos compreender a eficácia ao combate da corrupção, bebendo da fonte de estudos ligados à filosofia ética e moral, da economia, e de princípios garantidores de inspiração constitucional. Também demonstraremos, de forma concisa, os contornos das trocas produtivas sob a conjuntura das práticas do chamado *lobby* político e as proposições doutrinárias e legislativas que se dispõem a propor formas de contenção aos excessos de favorecimento exclusivo do Poder público para o particular.

O estudo se justifica em virtude do excesso punitivo estabelecido em nosso ordenamento, seja pelo número excessivo de normas, seja pela hipótese de sobreposição normativa que trabalharemos. Nossa hipótese é de que tal excesso punitivo possa violar as garantias constitucionais incorporadas em nosso ordenamento pátrio em confronto ao exercício do poder punitivo.

Superados os motes introdutórios, os quais visam estabelecer noções fundamentais, premissas, conceitos necessários à melhor interpretação do arcabouço sancionatório contra a corrupção no Brasil, nosso objetivo final será tracejar nosso recorte metodológico, qual seja, o *ne bis in idem* material entre os campos do direito penal e direito administrativo sancionador. Para solucionar este problema evidenciado na sobreposição normativa brasileira, buscaremos compreender qual seria a concepção ideal do *ius puniendi* a fim de evitar o *bis in idem.*

Para tanto, realizaremos uma análise de direito comparado. Os métodos utilizados enquadram-se como pesquisa jurídica teórica bibliográfica. O aprofundamento ocorrerá a partir de estudos doutrinários, visando um exame conceitual a partir de uma reflexão crítica, sem descuidar da evolução científica desenvolvida até o momento. O presente trabalho consistirá, além do estudo bibliográfico, em análises legislativas e estudos de casos concretos. Tomamos os referenciais teóricos com cautela, mas verdadeiramente como guias iniciais, e não como autoridades inarredáveis. Nos inteiramos disciplinadamente dos textos por eles mencionados, comparando ideias e registros entre ordenamentos aqui pesquisados. Paralelamente, buscamos aprofundar nossos conhecimentos sobre Direito Penal Econômico e Direito Administrativo Sancionador por meio de excelentes textos disponíveis em especialização realizada *in loco,* no início do ano de 2019, na Universidad de Castilla La-Mancha, na Espanha.

Cada ensaio abordará a corrupção a partir de referenciais teóricos ligados ao tema, sendo que não haverá um único marco teórico para toda a pesquisa, mas a confrontação e o agrupamento de diversos autores e textos a fim de produzir uma pesquisa apta a solucionar nosso problema aqui analisado, a recepção do ordenamento brasileiro ao princípio *ne bis in idem* material. Para tanto, a presente pesquisa será dividida em quatro capítulos.

No primeiro capítulo, a provocação em conceituar a corrupção em sua primeira seção, será transitar entre os conceitos de ética, moral e a corrupção, a partir das exposições de filósofos da antiguidade como Sólon, Platão e Aristóteles. Passaremos também de forma breve pelas indagações modernas de Immanuel Kant, até chegarmos na compreensão contemporânea de Michael J. Sandel. Ainda na primeira seção, demonstraremos o conceito léxico-semântico da corrupção, a fim de compreendermos de forma histórico-estrutural a nomenclatura aqui estudada. Já na segunda seção do primeiro capítulo, nos afastaremos da concepção filosófica-política da corrupção, destacando duas teorias antagônicas. A primeira, que adota uma perspectiva revisionista da corrupção, fiou-se na concepção funcionalista dos autores que estudaram os possíveis benefícios desta. Sobre tais benefícios, adentraremos, como dito, no teorema das trocas produtivas em que supostamente alguns acordos entre o público e privado ensejariam maior eficiência econômica.

Já com relação à segunda corrente de autores, ainda na análise econômica, destacaremos aqueles que adotam uma visão degradante da corrupção, compreendendo o fenômeno como corrosivo à economia dos Estados. Entre as duas perspectivas demonstradas, apresentamos um estudo intermediário, realizado por Robert Klitgard, que teoriza um suposto "nível ótimo da corrupção", avaliando o limite em que o custo incorrido no seu combate não seja superior ao benefício recebido com a sua redução, além de destacar alguns casos peculiares de benefícios sociais. Ao final, demonstraremos alguns dados relevantes sobre este impacto da corrupção na economia.

No segundo capítulo, iniciar-se-á uma pesquisa de direito comparado com a estrutura de *common law*, haja visto que a legislação concentrada norte-americana de responsabilização por atos de corrupção, o *Foreign Corrupt Practices Act (FCPA)*, foi talvez a grande inspiradora das demais pelo mundo, por ter sido a pioneira em nos demonstrar algumas soluções com relação ao problema evidenciado em nosso recorte.

No terceiro capítulo, ainda na esteira de direito comparado, apresentar-se-á uma concepção de direito de *civil law*, em que buscaremos contextualizar a interpretação dada pelo ordenamento jurídico espanhol em consonância ao alargamento da vedação ao duplo sancionamento e suas proposições legislativas no combate à corrupção.

No quarto e derradeiro capítulo, traremos a discussão aqui debatida para o ordenamento jurídico brasileiro e sua miscelânea normativa em relação ao combate da corrupção. Realizaremos uma análise comparativa da Lei nº 12.846/13 com outras normas administrativas e penais que também versam sobre o tema, buscando uma resposta doutrinária e jurisprudencial sobre a necessidade ou não de uniformização do exercício do poder punitivo do Estado.

Ao final, efetuar-se-á a conclusão crítica sobre o tema proposto, à luz do fixado nos capítulos anteriores.

1

CORRUPÇÃO: UM TERMO À DERIVA

A corrupção é tema essencial para qualquer cidadão que se preocupe com o destino do Estado Democrático de Direito. O fenômeno é recursivo na história de praticamente todas as nações ocidentais e principalmente na América Latina e no Brasil. No entanto, devemos buscar delinear não apenas sua cronologia histórica para mitigar a propagação de uma retórica dogmática. O esforço na compreensão do fenômeno não basta ser regulatório, mas também sistêmico, o que nos exigirá neste capítulo verificar sua relação com a ética e moral e, em seguida, trabalhar seu conceito léxico-semântico.

Após a análise filosófica e léxico-semântica, passaremos a analisar a corrupção sobre o prisma econômico, a fim de vislumbrarmos tanto as teorias que adotam a corrupção como forma de incentivo à eficiência econômica quanto as teorias que a enxergam como danosa ao desenvolvimento econômico e democrático. Por fim, apresentaremos uma posição intermediária com relação ao impacto da corrupção na economia e também demonstraremos, em uma breve análise, dados sobre o impacto mundial e nacional em relação à corrupção.

1.1 A ética e a moral e sua relação com o conceito de corrupção

Perseguindo o sentido original do termo, que designava a deterioração da matéria orgânica, a conceituação da corrupção compreende basicamente duas tendências, divididas entre as correntes moralistas e legalistas (JACÓ, 1997, p. 4). Para se poder ter uma melhor percepção sobre as origens do combate à corrupção, é importante realizarmos um retorno aos conceitos já tão trabalhados por grandes filósofos da antiguidade, estes sendo sobre a ética e a moral como influências à tipificação dos atos corruptos e delimitação das sanções.

A corrupção é fenômeno bastante antigo e frequente na história mundial. De origem remota, o termo "corrupção" advém da palavra latina *corruptio*, que será melhor explicada adiante, cujo conceito aproximado é relativo às ideias de degradação ou decomposição. Destacar-se-á aqui os pensamentos de Sólon, Platão e Aristóteles, principalmente com relação ao comportamento e às virtudes éticas.

O ponto de partida é a investigação do pensamento de autores que, desde a Antiguidade, se dedicaram a estudar o problema da corrupção. Imperioso passarmos por tais conceitos basilares e deixarmos de lado o estudo direto dos casos recentes de corrupção, que já foram muito explorados tanto pelos meios de comunicação quanto pelos estudiosos da vida pública, para tentarmos demonstrar suas raízes históricas e culturais.

Como nos colocam Avritzer *et al.* (2008, p. 14), a percepção que os antigos tinham da corrupção é que ela estava ligada à morte do corpo político e às mudanças que afetam os regimes políticos. Os regimes políticos, na cultura helênica, são traduzidos na ideia de que existiram três caminhos possíveis, ou mesmo padrões, para a constituição do governo das cidades: o de um comando monárquico, o de um conselho de nobres ou anciões e, por fim, o de um governo pelos próprios cidadãos (AVRITZER *et al.*, 2008, p. 14).

É com relação ao terceiro caminho proposto pela cultura helênica, onde o povo, *demos,* passa a exercer uma força de oposição e resistência ao avanço dos latifúndios exportadores de vinho e oliva, que naquele momento geravam uma massa empobrecida em antagonismo a uma oligarquia insensível e arrogante. Como afirma Jaeger (1994, p.131), a classe nobre passou a cometer abusos, os quais afetavam o viés democrático da *Hélade*.

Esse antagonismo é explicado pela autora Gilda Naécia Maciel de Barros como um desequilíbrio em que Sólon acaba por formular as raízes de seu pensamento e posterior reforma:

> fala-nos de uma luta ferrenha entre oligarcas extremados e o povo insatisfeito; revela-nos o esforço louvável por restabelecer na pátria a unidade espiritual ameaçada. (BARROS, 1999, p. 59)

Sólon, no ano de 594 a.C., promoveu importantes reformas com relação ao antagonismo entre a oligarquia e a massa trabalhadora. Essas reformas, segundo Avritzer *et al.*

(2008, p. 22), buscaram neutralizar e acalmar os abusos, oferecendo aos destituídos o escudo da lei e uma parcela de autoridade capaz de frear e equilibrar os excessos dos grandes.

É exatamente no fervor dessa luta de classes que a *dike* inicialmente passa a se tornar o novo fundamento ético do Estado Grego e acaba por se transformar na base de Sólon na luta contra o desequilíbrio. Este desequilíbrio é narrado por Barros:

> O desequilíbrio da ordem afeta a todos, mesmo a quem não cometeu falta alguma. Uma vez provocado, toda a cidade sofre com a injustiça de alguns e a barreira que separa a esfera pública da privada é frágil defesa contra a virulência do mal que atinge a comunidade. O quadro da *disnomia*, composto com as cores do verdadeiro, impressiona, atemoriza e prepara o povo para compreender o alcance de uma mensagem. (BARROS, 1999, p. 64)

Assim, em face do pensamento de Sólon, a busca do equilíbrio social deveria se pautar na formação do caráter, sendo este um "meio mais seguro de garantir a manutenção do equilíbrio social" (BARROS 1999, p. 59). Segundo Avritzer *et al.* (2008, p. 28), portanto, a partir deste momento, são traçadas noções fundamentais da política antiga relativas à compreensão do fenômeno da corrupção ou à degradação da ordem constitucional das cidades.

Novamente, estamos diante de uma época de tensão entre forças opostas. De um lado, a atração agregadora da justiça e das leis e, de outro, a "pulsão particularista" do desejo desenfreado de bens e de poder da oligarquia e o desejo perverso dos cidadãos de liberdade sem obrigações e constrangimentos (AVRITZER, 2008, p. 23)

Ao continuarmos da evolução do conceito do caráter trabalhado por Sólon, Platão realiza uma progressão da degradação das comunidades humanas e de seu caráter, oferecendo uma verdadeira genealogia dos regimes de governo. O filósofo passa do regime "timocrático" paulatinamente ao regime oligárquico e finalmente ao regime democrático.

Platão é implacável com a democracia, apresentando-a como um regime de abuso, leviandade e permissividade. Para o filósofo, o homem democrático é individualista e politicamente "voluntarista", pois promove a vontade momentânea e caprichosa do povo (aglutinada pela adulação dos demagogos) no lugar do Bem soberano (PLATÃO, 2016, p. 137).

A premissa de que parte Platão é que o regime democrático carregaria um excesso de liberdade e igualdade indiscriminada que, como nos traduz, a hegemonia popular da cidade perece, ou antes apodrece, transformando-se em uma massa embriagada pelo prazer. Sendo assim, a tirania surgiria como expressão final da cidade corrompida ao delírio de um indivíduo. Platão então remonta à ideia espartana dos "governos mistos" com forma de se combater a corrupção do tirano (PLATÃO, 2016, p. 36).

No desenvolvimento dessa reflexão levada a efeito nas páginas da *República*, é concepção da *pólis:*

> É um organismo moral e, por conseguinte, uma comunidade de caráter fundamentalmente ético, de forma que a finalidade suprema visada pela sua constituição deve ser a realização da justiça e da virtude, e não a simples consecução de objetivos materiais como a segurança, o bem-estar, a produção de riquezas etc. (BARKER, 2018, p. 5-6)

Continuando na perspectiva dos antigos, a visão Aristotélica também enfatiza, segundo Avritzer *et al.* (2008, p. 28), o equilíbrio e fuga aos extremos. É na compreensão da filosofia aristotélica com forte teor finalístico que toda ação é destinada a uma finalidade. O fim é considerado um valor, o qual deve ser almejado pelos homens. Trazendo a discussão em respeito à ética, as condutas humanas e todos os fins particulares a que elas correspondem tenderão a um fim último, o bem supremo.

Dos estudos realizados acerca do bem supremo no interior da obra de Aristóteles, *Ética a Nicômaco*, chega-se à conclusão de que o ser humano deve buscar o seu aperfeiçoamento naquilo que o distingue de todas as outras criaturas: a razão. A obra *Ética a Nicômaco* de Aristóteles (2009) é referência na Filosofia do Direito, sendo considerada uma de suas principais obras a abordar o tema ética. Pela leitura desta obra é possível notar que Aristóteles, tal qual seus antecessores gregos narrados no trabalho, teve como objetivo encontrar o meio termo entre vícios e virtudes para equilibrar a conduta do homem, cuja especificidade é a de ser animal racional. A partir do referido equilíbrio, é possível, segundo Aristóteles, encontrar o bem supremo, qual seja, a felicidade (ARISTÓTELES, 2009, p. 19-20).

A ética aristotélica seria o instrumento para se estudar a política e, por meio desta, poder-se-ia examinar as ações humanas, seu relacionamento intersubjetivo bem como o seu desenvolvimento social dentro da *polis*. Aristóteles se preocupou em analisar minuciosamente os elementos precípuos da corrupção, de modo a observar a dimensão prática do problema, ou seja, suas repercussões sobre a vida concreta dos indivíduos da *polis* (ARISTÓTELES, 2009, p. 17-40).

Já em outra obra de destaque, *A Política* (1985), Aristóteles define a corrupção como "a mudança que vai de algo ao não-ser desse algo; é absoluta quando vai da substância ao não-ser da substância, específica quando vai para a especificação oposta" (ARISTÓTELES, 2009, p. 267). Sendo assim, para o filósofo, o fenômeno da corrupção aparece como desvio da ordem naturalística, contrária à geração, que é uma criação. Seria então, portanto, definição de destruição. Nesse mesmo sentido, é possível salientar o caráter degradante que Aristóteles confere essencialmente ao termo "corrupção". Para o aludido filósofo, corrupções atingem de modo direto as virtudes do ser humano, de forma a decompô-las ou destruí-las.

Além dos filósofos da Antiguidade, percorrendo o tempo histórico encontramos diversos pensadores que trataram da questão, como é o caso de Maquiavel, Hobbes, Montesquieu e Tocqueville, dentre outros.

Interessante é o resgaste dos antigos pelo filósofo americano da Universidade de Harvard, Michael J. Sandel, que lançou, em 2012, a obra *Justiça: o que é fazer a coisa certa* (SANDEL, 2015). Em sua obra, ele resgata o conceito tão trabalhado por Aristóteles sobre a virtude, honra e mérito moral, principalmente com relação à virtude. Sandel utiliza o caso do furacão Charley, nos EUA em 2004, que ceifou 22 mil vidas, provocou um prejuízo de 11 bilhões de dólares e um grande debate com relação a preços exorbitantes de mercadorias e serviços (SANDEL, 2012, p. 11-12). O confronto de abusos e extremos, já tão analisado por Sólon, Platão e Aristóteles continua à baila com a discussão sobre abusos de preços provocados pelo furacão Charley, levantando graves questões sobre moral e lei.

> É errado que vendedores de mercadorias e serviços se aproveitem de um desastre natural, cobrando tanto quanto o mercado possa suportar? Em caso positivo, o que, se é que existe algo, a lei deve fazer a respeito? O Estado deve proibir abuso de preços mesmo que, ao agir assim, interfira na liberdade de compradores e vendedores de negociar da maneira que escolherem? (SANDEL, 2012, p. 13)

O filósofo Sandel afirma que a ganância seria uma falha moral que o Estado deveria desencorajar. Mais do que um defeito pessoal, ela se contrapõe à virtude cívica. Aristóteles novamente é evocado por Sandel ao explicar que a lei não pode ser neutra no que tange à virtude, moral e ética. “Quando a reflexão moral se torna política, as leis devem ter ligação direta com 'o tumulto da cidade'" (SANDEL, 2012, p. 17), ou seja, com o nosso tempo e casos práticos.

Immanuel Kant em sua clássica obra *Metafísica dos Costumes*, defende que o agir moral surge a partir do imperativo categórico, que consiste na ação do sujeito por um dever universalizado e sem contradição:

> O imperativo categórico, que como tal se limita a afirmar o que é a obrigação, pode ser assim formulado: age com base em uma máxima que também possa ter validade como uma lei universal. Tens, portanto, que primeiramente considerar tuas ações em termos dos princípios subjetivos delas; porém, só podes saber se esses princípios têm também validade objetiva da seguinte maneira: quando tua razão os submete à prova, que consiste em conceber a ti mesmo como também produtor de lei universal através deles, e ela qualifica esta produção como lei universal. (KANT, 2003, p. 67-68)

O agir moral, para Kant, não admite que o sujeito almeje outros objetivos, mas que tão somente responda qual ação deverá ser praticada segundo a sua razão, independentemente do resultado a ser alcançado. Dessa maneira, a moral influencia o Direito e, consequentemente, a eticidade, a qual, para Kant, contém o Direito e a moral.

A partir do pensamento *kantiano*, é possível construir a ideia de que as normas jurídicas de combate à corrupção precisam estar calcadas no agir moral por dever (lei moral), ou seja, o destinatário da norma precisa ter a consciência de que a razão determina as ações individuais pelo dever (imperativo categórico) e que o agir moral influencia diretamente o Direito. Dessa maneira, o ser humano será capaz de se sentir partícipe, coautor das normas anticorrupção e, apropriando-se delas, será possível coibir ou, ao menos, minimizar a prática de atos tipificados como de corrupção.

1.2 Conceito léxico-semântico da corrupção

Ao passarmos pela evolução do conceito filosófico/ético/moral do instituto da corrupção que acompanha a história política do ocidente desde a Antiguidade, é necessário apresentarmos uma explanação léxico-semântica e etimológica. Podemos partir inicialmente de um ponto de vista semântico.

Importante destacar que todo trabalho jurídico deveria conter algum estudo semântico. Como nos ensina Reale, os termos jurídicos podem sofrer mutação semântica sem que haja alteração extrínseca, seja pela "superveniência de certas normas", ou pela "alteração da tábua de valores da comunidade", ou "pelo advento de imprevistas condições técnicas, no plano fático" (REALE, 1992, p. 210). Tratando especificamente da palavra "corrupção", tal interpretação adquire conotação certeira, sendo que a visão popular não coincide exatamente com a léxica.

Também, Thomas Hobbes é ainda mais certeiro em sua assertiva:

> [da] ignorância do significado das palavras [...] deriva que os homens dêem nomes diferentes a uma

> única e mesma coisa, em função das diferenças entre suas próprias paixões. Quando aprovam uma determinada opinião, chamam-lhe opinião, e quando não gostam dela, chamam-lhe heresia. (HOBBES,1999, p. 94)

Exemplo que trazemos é o extenso debate político na realidade brasileira, em que partidos políticos se engalfinham com acusações e, em alguns casos, a defesa destes se coloca no sentido de que, ainda que certas condutas fossem reprováveis moralmente, nem tudo que é imoral seria ilícito.

Nesse mesmo sentido, em nosso país costumamos ainda a dar significados diversos para as atividades corruptas, tais como "faz-me rir", "presentinho" e "cafezinho", dentre outras.

Tal variedade não pode nos impedir de buscar também o exame etimológico. A palavra corrupção provem do latim *corruptio*, sendo a junção das partes *cor* + *rup* + *tio*.

Cabe ressaltar de início, para uma melhor compreensão, que o sufixo *-tio* corresponde ao sufixo *-ção* da língua portuguesa e é utilizado do mesmo modo na formação de substantivos derivados de verbos com a ideia de ação. Sendo assim, *corruptio* deriva do verbo *corrumpere* (LEITE, 1994, p. 116).

O núcleo da palavra encontra-se na combinação do prefixo *cor-* com o verbo *rumpere*, que significa "quebrar", "romper", "despedaçar", "violar" ou "infringir" (LEITE, 1994, p. 421). Assim, no verbo "corromper" está o sentido de "romper", proveniente do radical *rup* que, por sua vez, tem sua raiz no sânscrito *lup*, que denota um forte significado de destruição e estrago (MACDONELL, 1924, p. 263-264).

Já o prefixo *cor-* deriva da aproximação do prefixo *co-* com a letra "r". Também na língua portuguesa o prefixo exprime união ou intensificação. Interessante ainda quanto à análise do prefixo é a passagem citada pelo teólogo Leonardo Boff (2012, p. 1), que menciona uma troca de cartas datadas de 416 d.C. entre Santo Agostinho e São Gerônimo. Segundo o teólogo, Santo Agostinho narra que o ser humano vivia numa situação de corrupção e explica sua etimologia: corrupção é ter um coração (*cor*) rompido (*ruptus*) e pervertido. Importante também destacar que pode ter havido um erro interpretativo pelo autor, visto que a etimologia é um terreno altamente escorregadio. A palavra "corrupta", por exemplo, dá margem a um possível equívoco, visto que o prefixo *cor-* que precede sufixo *-rupto* pode ser interpretado como coração (lat. *cor, cordis* '*coração*'). No entanto, "corrupto" se origina do latim *corruptu(m)*, particípio passado de *corrumpere*. O prefixo *cor-* neste caso é uma alteração do prevérbio latino *cum*, como atesta o renomado dicionário etimológico de Antônio Geraldo da Cunha (*cor-* é uma acomodação fonológica regular de *cum*) (CUNHA, 1982, p. 37).

Voltando à interpretação semântica, a raiz da palavra corrupção, como dito, vem do verbo "corromper".

> Corromper [...] Acepções: – verbo transitivo direto e pronominal 1 tornar(-se) apodrecido ou estragado (falando de algo concreto); deteriorar(-se)

> Ex.: <a ferrugem corrompe o ferro> <os alimentos expostos corrompem-se facilmente> <o ambiente corrompia-se com a falta de ventilação> – transitivo direto e pronominal 2 perverter(-se) moral ou fisicamente Ex.: <os hábitos desregrados corrompem os jovens> <corrompeu-se na bebida> – transitivo direto 3 tornar diferente do que era originalmente; adulterar, alterar Ex.: a publicação descuidada corrompeu o texto produzido pelo cientista – transitivo direto 4 subornar (pessoa) em função de interesse próprio ou de outrem. Ex.: inescrupuloso, tentou c. o juiz. (HOUAISS, 2001, p. 848)

Na perspectiva destacada aqui, a noção de corromper que nos atém é a relacionada à perversão ou desvio da moral de uma sociedade ideal. Não obstante, a noção de uma sociedade ideal exposta por Aristóteles em *A Política* é de que, entre os tipos bons de governo (monarquia, aristocracia e democracia ordeira) e os corruptos (tirania, oligarquia e democracia anárquica), é necessário irmos mais a fundo de forma valorativa, analisando um componente subjetivo (ARISTÓTELES, 2009, p. 61-67).

Interessante destacar mutação dos níveis de aderência valorativa, inclusive no setor privado. Como exemplo, o "caso da CBF", em que o presidente da instituição – no caso a Confederação Brasileira de Futebol –, foi acusado de ter recebido dinheiro para, em troca, facilitar que determinadas empresas de *marketing* esportivo fechassem contratos com a CBF e fossem favorecidas na transmissão de campeonatos, como a Copa Libertadores e a Copa do Brasil (PIMENTEL, 2017, p. 1).

Em certas situações, esse comportamento pode ser considerado legítimo no contexto do capitalismo concorrencial, que pressupõe uma acirrada disputa pela clientela. Por outro lado, essa mesma prática seria provavelmente considerada corrupta se ocorresse numa corporação de ofício medieval. Até mesmo hoje, a vedação à mercantilização nos códigos de ética profissional de algumas profissões, tais como a medicina e a advocacia, reflete uma relação de confiança entre os seus pares.

O raciocínio utilizado por essa visão de perversão da moral poderia explicar, por exemplo, por que a grande maioria das pessoas não se sente "corrupta" quando incorre em atos de evasão fiscal, mesmo sabendo que isso causa a perda de arrecadação, o que pode prejudicar o atendimento das necessidades públicas pelo Estado e transferir do ônus da evasão aos contribuintes adimplentes regulares, entre diversos outros problemas sociais graves. Apesar da existência da corrupção e de seus impactos na esfera privada, a população não percebe seus efeitos nitidamente.

A tendência quase que irrefreável é que essa conduta se torne, no nosso país, um crime. Atualmente, tramitam no Congresso Nacional dois projetos de lei sobre o tema. O primeiro é o Projeto de Lei do Senado nº 236 de 2012, que discorre sobre um novo Código Penal e nele é previsto espaço para a corrupção "entre particulares" ou privada. Mais recente, o segundo projeto consiste no Projeto de Lei do

Senado nº 455 de 2016, oriundo da CPI do Futebol, a qual investigou os contratos da CBF aqui narrados como exemplo. Eis, portanto, a importância da compreensão semântica e sua relação com a contemporaneidade do instituto aqui analisado (PERESI, 2018).

A depender do domínio de estudo, seja filosófico, político, etimológico ou semântico, o termo "corrupção" varia em sua definição, mas é importante compreender que a corrupção traz em seu bojo a prevalência do interesse singular sobre o bem comum e tal interesse advém de um desvirtuamento moral/ético, que prefigura também um ato ilegal. Como diz Guilherme de Souza Nucci, "trata-se de algo negativo; jamais positivo" (NUCCI, 2015, p. 1).

Passaremos agora a abordar o tema de forma histórica, sob o prisma dos efeitos econômicos gerados pela corrupção.

1.3 A corrupção como estímulo à Economia: Teoria Revisionista

A elaboração de uma narrativa histórica da corrupção encontra obstáculos os mais diversos. Não é nossa pretensão esgotar os acontecimentos históricos, sob pena de inviabilizar a finalização deste estudo. A nós interessa dizer, neste trabalho científico, para que não fujamos à proposta inicial, nas questões cernes às quais nos propusemos: a importância da ciência econômica do combate à corrupção. Então sigamos.

O autor Ricardo Letizia Garcia em sua tese de doutoramento destaca a importância do enfoque econômico do estudo da corrupção. O autor descreve que a abordagem econômica da corrupção examina o instituto, a partir da existência de mercados (burocrático e político) corruptos que transacionam produtos e serviços. Na visão econômica, a corrupção surgiria como uma consequência do exercício de poder, apresentada mediante atos ilegais, estabelecendo um ponto de união do público e do privado (GARCIA, 2003, p. 37).

Em sua obra *Teoria do Agir Comunicativo*, Jürgen Habermas classifica a economia e política como sistemas, cujos meios reguladores são, respectivamente, o dinheiro e o poder (HABERMAS, 2012). Para Habermas, a corrupção ocorre quando a economia coloniza o mundo da vida. Em outras palavras, instaura-se a corrupção, segundo o filósofo, quando a economia (regulada pelo dinheiro) passa a colonizar a política (regulada pelo poder). A expressão colonizar aqui utilizada é no sentido da influência, do papel que a economia passa a exercer sobre a política.

Até o início da década de 1960, as pesquisas científicas acerca da corrupção eram desenvolvidas basicamente nas áreas da sociologia, do direito criminal, da filosofia e da ciência política. O fundamento básico até então apontado para intensificar o combate à corrupção era o fato de que ela seria criticável do ponto de vista da ética: devia-se combater a corrupção tão somente porque ela não se adequava aos princípios ou padrões éticos.

As primeiras pesquisas até então desenvolvidas no âmbito econômico acerca da corrupção a consideravam um problema exclusivo do setor público, sendo que seus efeitos sobre a economia não eram o foco. Havia, até então, uma nítida noção de que a corrupção era um problema, mas o foco dos estudos tinha uma natureza "micro". Em algumas situações estes efeitos seriam até benéficos, na medida em que empresas poderiam obter tratamento favorecido em determinados processos administrativos, fato que poderia resultar em ganhos ou benefícios econômicos individuais, como abordaremos aqui sobre a teoria revisionista, que "reviu" os conceitos trabalhados até então.

Essa corrente, chamada de revisionista, destacou-se pela escola funcionalista nas décadas de 1960 a 1970. A corrente discutia a funcionalidade da corrupção e os seus possíveis benefícios (GARCIA, 2003, p. 49-50).

Tal teoria, denominada "graxa sobre rodas", ganhou relevância ainda na década de 1960 com alguns autores tais como Nathaniel Leff (1964), Colin Leys (1965) e Samuel P. Huntingon (1968) (GOMES, 2018, p. 163-164).

Nathaniel Leff, historiador econômico, definiu a corrupção como um restolho congênito da atividade política e inerente à própria natureza humana, razão pela qual, para ele, a mesma não poderia ser combatida. Nesse contexto, a corrupção seria um meio suficiente para ultrapassar as barreiras burocráticas estatais e impedir os regulamentos ineficientes, facilitando, assim, o desenvolvimento econômico e a superação da má gestão de políticas públicas (LEFF, 1964, p. 8-21).

Nesse mesmo raciocínio, no ano seguinte à publicação dos escritos de Leff, outro autor que tratou do tema foi Colin Leys, ao preceituar que, em uma governança corrupta, os subornos poderiam incentivar os burocratas a acelerarem a autorização para criar novas empresas (LEYS, 1965, p. 215-230). Segundo o autor, isso ocorreria porque, na maioria dos países, os baixos salários oferecidos pelo serviço público tornariam o suborno uma nova linha de atuação negocial.

Joseph Nye, representante da escola funcionalista, revisa o conceito de corrupção, fazendo uma análise de seus custos e de seus benefícios no contexto do desenvolvimento político, desvinculando-o das concepções ético-morais já aqui abordadas no primeiro capítulo. Até então, o conceito de corrupção, de acordo com Nye, tinha uma conotação moralista, que encobriria a dinâmica mediante a qual este fenômeno ocorre e que não permitiria determinar suas causas e suas consequências para o Estado e para a sociedade (NYE, 1967 p. 417-427).

Já no ano de 1968, o cientista político da Universidade de Harvard, Samuel P. Huntington, bem sintetizou a ideia central da Teoria da Graxa com uma frase que se tornou máxima dos adeptos dessa corrente de pensamento:

> Em termos de crescimento econômico, a única coisa pior que uma sociedade com uma burocracia rígida, excessivamente centralizada e desonesta, é uma sociedade com uma burocracia rígida, excessivamente centralizada e honesta. (HUNTINGTON, 1968, p. 131, tradução nossa)

Defendia o autor que a corrupção pode ser um caminho viável à transposição de leis tradicionais ou regulamentos burocráticos que dificultam a expansão econômica. Segundo ele, práticas consideradas corruptas agilizariam os trâmites burocráticos e permitiriam aos indivíduos evitar a demora que geralmente ocorre nos países em desenvolvimento (HUNTINGTON, 1968, p. 59-71).

Ainda na linha da teoria revisionista, David Osterfeld (1992) trabalha uma distinção entre modalidades da corrupção. O autor subdivide a corrupção em expansiva e restritiva. Para ele, a corrupção expansiva seria benéfica, pois envolveria atividades que melhorariam a competitividade e a flexibilidade da economia (melhorariam a alocação de recursos e o seu uso). Por sua vez, a corrupção restritiva seria, segundo o autor, prejudicial, pois limitaria as oportunidades para as trocas produtivas, permitindo que firmas ineficientes permanecessem no mercado (OSTERFELD, 1992, p. 273).

1.3.1 As trocas produtivas sob a ótica da corrupção expansiva

A teoria revisionista pode ser analisada também pela ótica da corrupção expansiva trabalhada por Osterfeld (1992). Isto porque certas trocas produtivas econômicas, por exemplo, acordos entre companhias e parlamentares, poderiam garantir, de certo modo, maior eficiência econômica. Sendo assim, é necessária uma análise específica sobre o tema a fim de compreendermos as fronteiras dos referidos acordos, buscando assim defini-los como atos corruptos ou não. Em recente obra publicada, o professor de Direito Penal na *London School of Economics*, Jeremy Horder, descreve as responsabilidades do órgão político norte-americano *Members of The House of Representatives* (MPs), como estritamente reguladas (HORDER, 2018, p. 81). Sobre a regulamentação específica veremos à frente, quando abordaremos as legislações de responsabilização dos Estados Unidos da América. Horder (2018, p. 81) assinala haver um alto custo para efetivação de um republicanismo puro, o qual acaba em certo momento revelando-se como autodestrutivo. O autor realiza uma comparação entre a estabilidade do poder judiciário e a ausência desta no poder legislativo, sendo que os representantes do legislativo (MPs), por não terem tal estabilidade, estariam expostos a formas de compensações financeiras em troca da referida estabilidade.

> MPs would have to be compensated for the lack of guaranteed tenure, a tenure enjoyed-along whit significantly higher salary- by judges. It also possible that to provide such rewards for MPs might turn out to be self-defeating. (HORDER, 2018, p. 105)

Essa estabilidade financeira, segundo Horder, traria consigo um enorme conflito entre interesses pessoais e interesses ligados a seu dever público. Segundo o autor, mesmo quando os MPs representassem algum grupo de lobista de grandes corporações, estes não deveriam entrar em conflito com sua obrigação primária.

> whats is important is that, when Mps are permitted to retain outside interests, that may conflict with their duty to serve the public interest, it remains an obligation on them to act only on public (interest) reasons, in their capacity as public office holders: theis primary obligation.
>
> (...)
>
> Controversial thought this is, an MP is hence regarded as in some circumstances justified in becoming or remaining involved in an activity that may conflict with their primary obligation, even by becoming a lobbyist on behalf of a commercial organization. (HORDER, 2018, p. 105)

Como exemplo da enorme influência econômica dos grupos lobistas, Jeremy Horder cita dados da *Transparency Internacional*, quando informa que £3.4 milhões de libras foram pagas em 2017 para MPs em troca de funções consultivas externas, "external advisory roles". Um estudo citado por Horder revela ainda que o "business of lobbying" movimentou em 2007 em torno de £1.7 bilhões de libras, empregando mais de 4.000 pessoas (HORDER, 2018, p. 186). O autor descreve também a permissão de pagamentos a parlamentares existente no Reino Unido na instituição "House of Commons" e a proibição para a "House of Lords, Scotland and Wales" (HORDER, 2018, p. 106)

Horder demonstra que a compra ou influência de decisões parlamentares é um fato concreto e, de certo modo, permitido em alguns setores do Parlamento inglês. A grande preocupação seria, portanto, a ausência grave de regulamentação sobre a atividade de lobistas, sendo que estes, segundo o autor, deveriam ser registrados para que pudessem enfrentar as sanções da lei em caso de desconformidade.

> Transparency International concerns throw into relief a particularly glaring absence from the legislation on lobbying. (...) professional lobbyists must be registered in order lawfully to engage in lobbying, or face sanctions for doing so (...). (HORDER, 2018, p. 110)

Segundo Horder (2018, p. 185) o *lobby* poderia, de certa forma, ser favorável ao bem público. Em uma ótica “top-down”, ou seja, vista de cima, o *lobby* poderia até mesmo auxiliar na formação de políticas públicas, na medida em que garante que os políticos informem quando tomarem decisões. E em uma visão “bottom up”, ou seja, vista pela ótica dos cidadãos, seria também uma liberalidade de qualquer cidadão em influenciar seu parlamentar, inclusive, se necessário, utilizar-se de profissionais para tanto.

> Looked at from top-down, lobbying may be conducive to the public good of policy formation, in so far as it ensures that official are properly informed when they take decisions. From the bottom up, the may seem correspondingly to be importance in a citzen/s liberty to engage in lobbying. The House of Commons has in the past staunchly defended the practice of lobbying, albeit in the language os rights rather than liberties: Is the right of any citizen to lobby his Member of Parliament, and if he considers that his case be better advanced with professional

> assistance he has every right to avail himself of that assistance. (HORDER, 2018, p. 185-186)

Sendo assim, importante é o argumento extrajurídico destacado pelo autor de que partidos influenciados por uma concepção de bem próprio, em desacordo com o bem comum, tornariam sua ação corrupta, mesmo que não aceitem dinheiro em troca, visando apenas o interesse do próprio partido. A verdadeira crítica a um acordo desse tipo estaria na distinção entre a controversa inclusão política que, segundo o autor, seria tolerável (HORDER, 2018, p. 186) e a exclusividade política. O que tornaria corrupto o acordo com o parlamentar ou partido seria a compra de exclusividade com relação à influência política desejada. Na medida em que o partido concorda que, em troca de doações, simplesmente adotar as políticas solicitadas pela organização, esta terá adquirido exclusividade em relação à sua contribuição a informação dessas políticas específicas.

> Before we turn to legal analysis, it is worth nothing what is that, morally speaking, makes the deal particularly objectionable. To begin with, the party has cleary been influenced by a conception of the good (its own) at odds with policy formation fully justified by public reason and a concern for the common good. In terms of the understanding of corruption relied on here, this makes the party's action corrupt, even if it accepted no money in exchange for its actions. Even so, the real streghnt of the objection to the deal should be understood in terms of a distinction between politicial "inclusivity" and political "exclusivity". What

> make the deal corrupt is that its envoles purchase of a measure of exclusivity, in relation to the influence of a partisan interest on public officials. In so far as the party agrees, in exchange for donations, simply to adopt the policies requested by the organization, thart organization has purchased exclusivity in relation to its input the information of those particular policies. (HORDER, 2018, p. 155-156)

Por conseguinte, alcançadas as hipóteses do fenômeno da corrupção como incentivo à eficiência econômica, a corrente revisionista destaca que, apesar de a corrupção facilitar a resolução de conflitos no relacionamento entre a esfera pública e privada, no médio prazo, a corrupção pode determinar um desgaste de legitimidade do sistema político. Com relação às trocas produtivas delineadas aqui, não podemos desconsiderar a existência real e significativa das atividades de *lobby*, sendo certo que, para evitar um custo ainda maior para o Estado Democrático de Direito, tais práticas devem ser reguladas, evitando exclusividades de grupos majoritários econômicos, as quais enfraquecem o processo democrático.

1.4 A corrupção como degradação da economia

No fim da década de 1960, o professor e prêmio Nobel de economia de 1974, Karl Gunnar Myrdal, começou a esboçar escritos que tentavam refutar a então impactante teoria revisionista ao asseverar que a corrupção, ao invés de superar os entraves regulamentares, reforçava a burocracia (MYRDAL, 1968, p. 953-961).

Myrdal, ao contrário dos teóricos revisionistas, entendia ser a corrupção um reforço ao processo burocrático pois, os funcionários corruptos, em lugar de se esforçarem para aprimorar o caminho dos pagantes de suborno, criariam empecilhos suficientes para a manutenção dessa forma escusa de pagamento (como atrasos administrativos propositais), o que faria o sistema entrar em um ciclo vicioso inesgotável (MYRDAL, 1968, p. 963).

No entanto, apenas no fim da década de 1970, no ano de 1978, que o posicionamento de Myrdal ganhou força quando Susan Rose-Ackerman publicou a obra *Corrupção: um estudo em economia política* (*Corruption: a study in political economy*), considerada por diversos autores como um marco importante no estudo da relação entre corrupção e economia. A autora reforçou a tese contrária aos adeptos da teoria da graxa. Para ela, os efeitos da corrupção sobre a economia são patogênicos e maculam, a médio e longo prazos, as instituições estatais e, por consequência, as estruturas sociais edificadas (ROSE-ACKERMAN, 1978, p. 65).

O trecho seguinte bem sintetiza a visão da autora sobre o tema:

> A corrupção pode produzir ineficiência e injustiça. Este mal tem o poder de minar a legitimidade política do Estado. A corrupção evidencia também a existência de problemas mais profundos nas relações do Estado com o setor privado. Os custos mais

> graves não são os subornos em si, e sim as distorções inerentes que revelam. (ROSE-ACKERMAN, 1978, p. 74)

Além do desgaste político do estado, citado por Rose-Ackerman, a partir da década de 1980, segundo Lucas Furtado em sua obra *A Luta contra a corrupção – Aspectos conceituais relacionados ao estudo do tema*, novas pesquisas científicas acerca da corrupção revelaram "os reais efeitos econômicos que dela decorrem". O autor nos ensina que a *performance* das economias dos países e das próprias empresas são fortemente influenciadas pelos impactos negativos gerados pela corrupção (FURTADO, 2015, p. 23).

No contexto brasileiro, neste mesmo período, o economista Hélio Beltrão, mesmo em período ditatorial, pregava o grave equívoco do jargão popular do "criar dificuldades para vender facilidades". O então ministro da desburocratização foi ferrenho crítico do sistema de entraves burocráticos.

A constatação de que a fraude e o desvio de recursos públicos devem ser combatidos não apenas porque são reprováveis do ponto de vista ético e moral, mas também em razão dos maléficos efeitos econômicos que produzem, segundo Furtado (2015, p. 24), conferiu ao tema importância que jamais lhe havia sido dada.

Com relação a esses efeitos econômicos maléficos da corrupção, Mauro Paolo dedicou esforços para estimá-los na taxa de crescimento da renda *per capita* em seu artigo intitulado *Corruption and Growth*. Sua metodologia de trabalho se apoiou em um índice produzido por uma instituição privada existente na década de 1990, chamada *Business Internacional* (BI). Essa instituição produzia dados relevantes sobre a corrupção e, conforme expôs o autor, vendia tais dados para bancos, empresas multinacionais e investidores diversos (PAOLO, 1995, p. 683). O autor considerou tais índices de extrema relevância, até mesmo pelo preço considerável que os clientes da BI pagavam por eles. O índice refletia perspectivas dos analistas sobre fatores de risco e eficiência, e poderia ser utilizado para representar as avaliações dos investidores sobre o país em questão (PAOLO, 1995, p. 683-684).

O autor então esteou sua análise em nove indicadores de eficiência institucional, justificando sua escolha por dois motivos. O primeiro por estes serem avaliados independentemente de variáveis macroeconômicas. Em segundo lugar, por referirem-se aos interesses de qualquer empresa que opera no país em análise, ao invés de especificamente à propriedade estrangeira de empresas multinacionais (PAOLO, 1995, p. 684). Por fim, o autor nos explica que os índices da BI seriam números inteiros compreendidos entre 0 e 10, sendo que um valor elevado do índice significaria que o país em observação possui "boas" instituições (PAOLO, 1995, p. 684). Conclusivamente, o autor nos apresenta evidências empíricas sobre os efeitos da corrupção no crescimento econômico, ao analisar, por exemplo, a integridade e eficiência burocrática (PAOLO, 1995, p. 705).

Sobre a relevância das instituições para a economia, Douglas North destaca, em uma perspectiva neoinstitucionalista, que estas representam um papel fundamental no desempenho das economias, sendo um exemplo histórico importante a comparação entre o processo de colonização realizado pela Inglaterra e pela Espanha. A primeira desenvolveu uma estrutura institucional que permitiu a complexa troca impessoal necessária à estabilidade política, bem como a captura dos benefícios econômicos potenciais da tecnologia moderna. Já na Espanha, os relacionamentos "personalistas" ainda são a chave para grande parte do intercâmbio político e econômico. Para o autor, esta estrutura institucional poderia ser a consequência de uma evolução que produziu crescimento econômico errático na América Latina, dificultando a estabilidade política e econômica (NORTH, 1991, p. 111).

FIGURA I

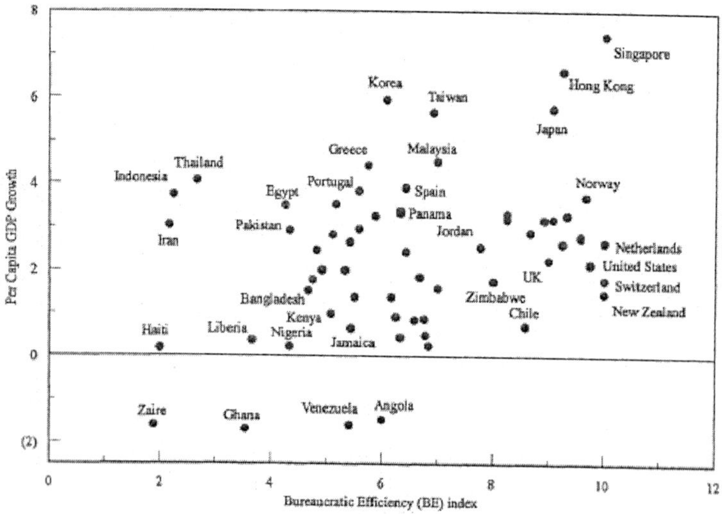

Fonte: PAOLO, 1995, p. 689.

Mauro Paolo finaliza seu trabalho com um exemplo que demonstra de forma precisa sua análise:

> Por exemplo, se o Bangladesh melhorasse a integridade e eficiência de sua burocracia ao nível do Uruguai (correspondendo a um desvio padrão de um ano no índice de eficiência burocrático), sua taxa de investimento subiria quase cinco pontos percentuais, e sua taxa anual de crescimento do PIB aumentaria em mais de meio ponto percentual. (PAOLO, 1995, p. 705)

Os resultados encontrados apontaram para uma relação negativa entre corrupção e taxa de crescimento da renda *per capita*; e para uma relação positiva entre corrupção e investimento público. Assim, corrupção é vista como causa do fraco crescimento econômico de alguns países, do empobrecimento relativo e do mau funcionamento do sistema econômico (PAOLO, 1995, p. 705-706).

1.5 Teoria do "nível ótimo da corrupção"

Robert Klitgaard (1994, p. 36) traz uma discussão diferente sob o tema da análise da corrupção e seu enfoque econômico. Apesar de sua obra não se tratar de um trabalho jurídico, seus ensinamentos nos trazem uma percepção crítica de fusão de conhecimentos teóricos e práticos, ao nosso entender, válida ao recorte do capítulo.

Para Klitgaard, a proliferação da corrupção conduz a consequências nefastas, como desperdício de dinheiro público, direcionamento de recursos para atividades improdutivas, aumento das desigualdades sociais e instabilidade no regime político (KLITGAARD, 1994, p. 55-63). No entanto, segundo o autor, a corrupção pode, ocasionalmente, ser benéfica do ponto de vista social:

> As the evidence mounts about corruption in developing countries, it seems clear that the harmful effects of corruption gratly outweigh the (occasional) social benefits. (KLITGAARD, 1988, p. 36)

Um exemplo interessante que o autor nos traz é que não se pode olvidar que os votos que garantiram a abolição da escravidão nos Estados Unidos foram supostamente obtidos por suborno. Sendo assim, o autor defende que países como o Brasil, ao invés de se resumirem em debates fatalistas baseados em um suposto "determinismo cultural", deveriam estudar as experiências de controle da corrupção que já foram testadas, com objetivo de desenvolver suas próprias políticas públicas sobre o tema (KLITGAARD, 1994, p. 55-63). Novamente, observamos a grande influência das instituições, como destacava Douglas C. North (NORTH, 1991, p. 111).

Para Klitgaard, o problema da corrupção não remonta de uma suposta imoralidade dos indivíduos, a qual só poderia ser transposta mediante uma política longínqua de educação moral a ser aplicada em sucessivas gerações (KLITGAARD, 1994, p. 12). A corrupção simplesmente existe porque estão presentes incentivos para a prática. A partir desta ideia, poderíamos estudar o problema inspirados no raciocínio econômico, representado pela suposição de que os agentes envolvidos em um esquema de corrupção realizam cálculos de custos e benefícios na definição de suas condutas (KLITGAARD, 1994, p. 13).

Klitgaard ainda defende que a sociedade deve buscar o nível ideal de corrupção, considerando que existe um ponto ótimo entre os custos para combatê-la e o custo da sua presença. Portanto, a corrupção deverá ser combatida até o limite em que o custo incorrido no seu combate não seja superior ao benefício recebido com a sua redução (KLITGAARD, 1994, p. 45).

Considerando que existiria um ponto ótimo entre os custos para combater a corrupção e o custo da sua presença, a sociedade deveria buscar um nível ideal de corrupção, combatendo-a até o ponto em que o custo social seja superior ao benefício. Para demonstrar este ponto, Klitgaard assumiu uma função que relaciona o custo social marginal de uma unidade de corrupção com a soma total de atividades corruptas na sociedade. Havendo apenas alguns casos pontuais de conduta corrupta, poderia sair muito caro detectá-los. Em contrapartida, se a corrupção fosse generalizada, a sua identificação seria mais fácil e a adoção de medidas para reduzi-la seria menos onerosa (KLITGAARD, 1994, p. 45).

A figura a seguir apresenta o nível ótimo de corrupção na sociedade:

FIGURA II - O Nível Ótimo de Corrupção na Sociedade

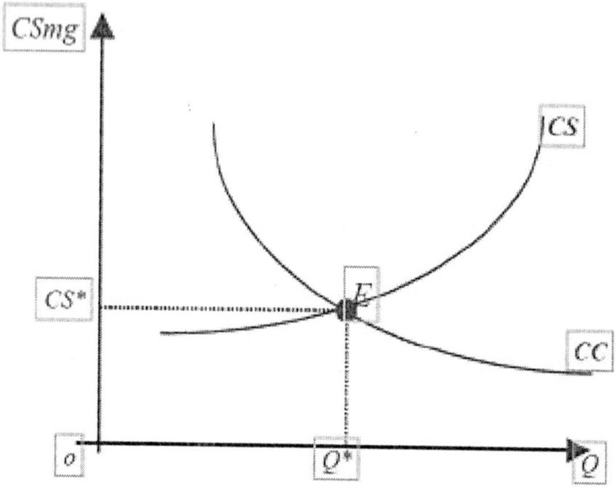

Legenda:

CSmg = custo social marginal da corrupção;

CS = custo social da corrupção;

CC = custo de combater à corrupção;

*Q** = quantidade ótima de corrupção;

Q = quantidade de corrupção na economia.

Fonte: KLITGAARD, 1994, p. 45.

O gráfico reúne a função "custo social da corrupção" e a função "custo com o combate da corrupção" para encontrar o nível ótimo de corrupção. A interseção das curvas (ponto *E*) indicaria o grau ótimo de corrupção a partir de um critério econômico. Contudo, caberia à sociedade, em seu contexto particular, determinar se este nível de corrupção é satisfatório ou se as instituições estarão sujeitas a um enfraquecimento decorrente da existência de um ambiente corrupto, mesmo que este não seja demasiadamente excessivo (KLITGAARD, 1994, p. 45).

1.6 Uma breve análise de dados com relação à corrupção

Segundo Furtado (2015, p. 24), um dos principais fatores para o aumento do interesse dos economistas sobre o tema está diretamente relacionado aos processos de globalização e de integração internacional, sendo o mais importante exemplo a integração do Espaço Schengen.

Em perspectiva internacional, várias foram as pesquisas, como demonstrado em 1.4, que intuíram a corrupção como danosa à economia. A partir delas, criou-se então um ambiente propício para que se procurasse combatê-la, tendo em vista interesses reais e efetivos relacionados à obtenção de vantagens econômicas para os países e para o setor empresarial.

Afinal, após décadas de revisionismo econômico, o combate à corrupção sofreu um impulso científico fundamental. A partir desta compreensão da necessidade de combatê-la, acrescentou-se às áreas que já assim a entendiam, como a ética, sociologia e o direito, ganhando fundamental relevância para o enfrentamento da corrupção o estudo da economia e das finanças internacionais.

Especialmente a partir da década de 1990, verificou-se verdadeira explosão de trabalhos científicos sobre a corrupção, realizados sob o enfoque das ciências econômicas. A constatação de que os efeitos dessas crises não afetavam apenas a economia de cada um dos países, mas de que as finanças globais eram fortemente influenciadas, levou à criação e ampliação de órgãos internacionais já existentes na época, os quais estimularam políticas de transparência e de *accountability* em seus países membros.

Em uma análise quantitativa, citando dados do Fórum Econômico Mundial, em reunião perante o Conselho de Segurança da ONU, no dia 9 de dezembro, o Dia Internacional contra a Corrupção, o secretário-geral das Nações Unidas, António Guterres, afirmou que os custos anuais da corrupção internacional chegam a impressionantes US$ 3,6 trilhões na forma de suborno e dinheiro desviados (ONU, 2018).

No Brasil, o custo da corrupção pode ser melhor analisado, empiricamente, por intermédio da pesquisa elaborada pelo Departamento de Competitividade e Tecnologia (DECOMTEC) da Federação das Indústrias de São Paulo (FIESP), que demonstrou ser desviado pela corrupção entre 1,38% a 2,3% do PIB brasileiro, o que no ano de 2008 representaria de 41,5 bilhões a 69 bilhões de reais. Segundo o estudo, as perdas econômicas e sociais do Brasil com a corrupção teriam sido estimadas considerando um nível de corrupção igual à média de uma cesta de países selecionados. Se o Brasil possuísse um nível de percepção da corrupção igual à média desses países, de 7,45, o produto *per capita* do país passaria de US$ 7.954 a US$ 9.184, ou seja, um aumento de 15,5%, na média do período 1990-2008 (equivalente a 1,36% ao ano) (FIESP, 2010, p. 27).

A FIESP também fez uma análise comparativa, simulando benefícios que os cidadãos brasileiros deixam de obter por causa da corrupção. Conforme tabela 1:

Tabela 1 - Simulação dos Benefícios que os Brasileiros Deixam de Obter por Causa da Corrupção

	Valor Observado ou Meta (A)	Adicional: equivalente ao desviado para a corrupção (B)	Adicional em % (B/A)
Educação - Ensino Fundamental			
Número de Alunos da Rede Pública[1*]	34.510.989	16.438.071	47,6%
Saúde - SUS			
Número de leitos (internação)[2**]	367.397	327.012	89,0%
PAC - Metas (2007-2010)[3]			
Luz para Todos (pessoas atendidas)	5.150.000	24.570.088	477,1%
Saneamento Básico (domicílio atendidos)	22.500.000	23.347.547	103,8%
Habitação (famílias atendidas)[4]	3.960.000	2.940.371	74,3%
Rodovia (Km)	45.337	56.341	124,3%
Ferrovia (Km)	2.518	13.230	525,4%
Porto (unidade)	12	184	1537,3%
Aeroporto (unidade)	20	277	1383,6%

Fonte: FIESP, 2010, p. 27. (1*, 2** e 3 = Dados de 2010)

A tabela demonstra em números como a perda de valores pela corrupção poderia ser melhor aproveitada em setores extremamente carentes do Brasil. Os dados demonstrados, apesar de serem elaborados por instituição privada, podem de certa forma adotar posicionamento político, o que também não diminui a gravidade dos números apontados.

Em nível internacional, vários institutos também passaram a produzir estudos sobre o tema. Nesse sentido, merecem destaque as pesquisas realizadas no âmbito do

Banco Internacional para Reconstrução e Desenvolvimento (BIRD); de uma das cinco instituições que integram o Banco Mundial, *Internacional Financial Institutions* (IFI); e da Transparência Internacional (TI). As políticas de prevenção e de combate à fraude e à corrupção em projetos financiados pelo BIRD podem ser mencionadas como exemplo desse novo fenômeno.

As maneiras mais recentes de se medir a corrupção em escala global são por meio dos índices denominados "segunda geração" (JOHNSTON, 2001, p. 26) e os "indicadores agregados" (KAUFMAN, 1999, p. 1). O mais utilizado mundialmente é o Índice de Percepção da Corrupção (IPC), desenvolvido pela Transparência Internacional desde 1993, que é digno de destaque e será o escolhido por nós como recorte metodológico (TREBILCOCK, 2014, p. 150). Ressaltamos também a importância do índice estabelecido pelo Banco Mundial, o *World Governance Indicator* (WGI). No entanto, pela antiguidade e maior quantidade de dados disponíveis, analisaremos aqui o IPC.

Os seus esforços para construir mecanismos anticorrupção e para desenvolver práticas para a solução de conflitos têm tido forte influência em inúmeros países, sendo a divulgação anual do Índice de Percepção de Corrupção objeto de especial interesse para o mercado financeiro internacional e, portanto, provoca grande ansiedade aos governantes dos diversos países avaliados.

Em entrevista concedida ao canal BBC em 2018, o pesquisador e professor alemão Johann Graf Lambsdorff, um dos idealizadores do Índice de Percepção da Corrupção (IPC) nos anos 1990 usado pela Transparência Internacional, a busca pelo lado bom da corrupção "não faz o menor sentido". Segundo o autor, o argumento de que corrupção é o óleo que lubrifica as engrenagens não se sustenta mais, e ele critica duramente os que insistem em defender essa hipótese (LAMBSDORFF, 2018, p. 1).

O autor, contudo, admite que os mecanismos anticorrupção têm, ao longo dos anos, falhado em coibir a prática, e que pesquisadores começam a se perguntar se vale a pena gastar tanto com ferramentas ineficientes. Lambsdorff afirma que as punições são necessárias e têm efeito dissuasório, ou seja, são capazes de inibir certas práticas. Mas, destaca a necessidade de se investir mais em ações de prevenção que realmente tenham efeitos práticos. Ele afirma que "Métodos preventivos, tais como recompensas pelo comportamento ético e motivação psicológica para que se adote boas práticas, são igualmente importantes para combater a corrupção" (LAMBSDORFF, 2018, p. 1).

Exatamente no contexto de prevenção é que surge o IPC. Para mensurar a avaliação dos níveis de corrupção no mundo, a Organização Não Governamental *Transparency Internacional* divulga anualmente um índice elaborado a partir de diferentes estudos e pesquisas sobre os níveis de percepção da corrupção no setor público de vários países: o Índice de Percepção da Corrupção. O IPC é a mais duradoura e abrangente ferramenta de medição da corrupção no mundo. Ela existe desde o ano de 1995 e reúne resultados de

180 países e territórios. O IPC emprega uma série de fontes que reconhecem as percepções sobre a corrupção no setor público dos países. Cada instituição é contatada para que se verifique a metodologia aplicada em sua pesquisa e se solicita a respectiva autorização da publicação dos resultados compilados junto à pontuação das demais instituições (TRANSPARENCY INTERNATIONAL, 2019).

O critério de seleção baseia-se em fontes que sejam confiáveis, com metodologias e mecanismos de captação de dados que sejam ajustáveis à metodologia utilizada para o cálculo do IPC de cada ano (TRANSPARENCY INTERNATIONAL, 2019). A pontuação indica o nível percebido de corrupção no setor público numa escala de 0 a 100, em que 0 significa que o país é considerado altamente corrupto e 100 significa que o país é considerado muito íntegro (TRANSPARENCY INTERNATIONAL, 2018).

A pontuação no IPC é exibida juntamente ao erro-padrão, e o intervalo de confiança reflete a variação no valor dos dados que integram a pontuação do índice. O erro-padrão é calculado como o desvio-padrão da fonte de dados ajustada à nova escala, dividida pela raiz quadrada da quantidade de fontes. Ao aplicar esse erro-padrão, o índice pode estabelecer um intervalo de confiança de 90%, pressupondo uma distribuição normal (TRANSPARENCY INTERNATIONAL, 2018). Ao nosso entender, matematicamente, os 10% ainda demonstram um certo nível de incerteza com relação ao estado atual do Estado analisado, o que não macula a qualidade dos índices.

De acordo com a TI, os países nas primeiras posições apresentam particularidades semelhantes, tais como:

- acesso a informação sobre os gastos públicos;
- maiores padrões de dignidade de agentes públicos;
- Poder Judiciário independente;
- alto nível de liberdade de imprensa (TRANSPARENCY INTERNATIONAL, 2018).

Em compensação, os países listados nas últimas posições se destacam pelos seguintes parâmetros:

- conflitos e guerras;
- governabilidade deficiente;
- precarização dos serviços públicos;
- falta de independência nos meios de comunicação;
- instituições públicas frágeis e não confiáveis;
- desvio de verbas (TRANSPARENCY INTERNATIONAL, 2018).

Visualmente, podemos compreender melhor a organização da corrupção pelo mundo ao analisarmos a figura 3, que traz um panorama sobre as regiões no mundo onde se concentram, de forma mais contundente, a corrupção no setor público. Importante destacar que sabemos que a visualização de imagens e figuras traz consigo um problema de classificação pois, de certo modo, como observaremos em seguida na figura 4, algumas regiões aparentemente se aproximam de outras pela cor destacada semelhante, não sendo, portanto, uma representação tão precisa e fiel à realidade. Mas, de outro modo, facilita a compreensão ao visualizarmos as regiões onde os problemas maiores se concentram.

FIGURA III - MAPA DA CORRUPÇÃO MUNDIAL

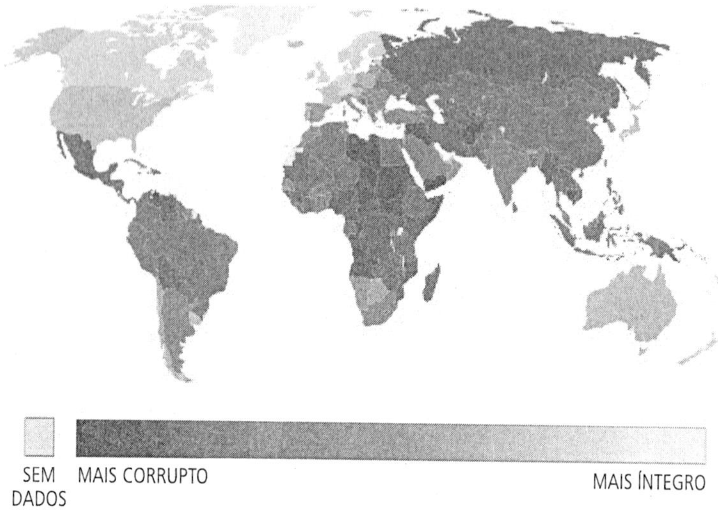

Fonte: Transparência Internacional, 2018.

De igual modo, a figura 3 traduz um recorte mais aproximado, exprimindo como a corrupção se concentra e se distribui na região das Américas. Fica nítida a relevância da corrupção de alta intensidade na América Latina e América do Sul. O melhor desempenho, na América do Norte, fica para os Estados Unidos da América e o Canadá. Os EUA, por sua vez, perderam quatro pontos no último ano, não estando mais entre o grupo dos 20 melhores países do IPC pela primeira vez desde 2011 (TRANSPARENCY INTERNATIONAL, 2018, p. 1). Já na América Latina, o país que tem apresentado melhor resultado é a Costa Rica, sendo a nação que mais debate sobre o tema da corrupção em todo o continente (TRANSPARENCY INTERNATIONAL, 2017,

p. 24). Já na América do Sul, o país que apresenta melhores índices é o Uruguai, que atingiu praticamente os mesmos índices dos Estados Unidos da América.

FIGURA IV - MAPA DA CORRUPÇÃO NA AMÉRICA LATINA

Fonte: Transparência Internacional, 2018.

Com relação ao Brasil especificamente, podemos observar, por meio do gráfico disposto na figura 5, um grande decréscimo nos últimos seis anos com relação à percepção da corrupção. Em comparação à média das Américas e global observadas na figura V, o desempenho do Estado brasileiro é extremamente preocupante.

FIGURA V - COMPARATIVO SOBRE A EVOLUÇÃO DO IPC NO BRASIL, AMÉRICAS E GLOBAL

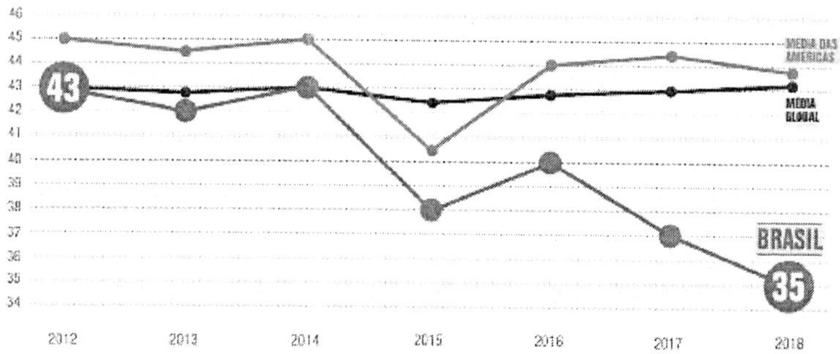

Fonte: Transparência Internacional, 2018.

Ao levarmos em conta o cenário punitivista estabelecido no Brasil, tanto em termos de produção normativa, com a edição da Lei Anticorrupção brasileira de 2013 e outras tantas normas, quanto ao número de ações penais e inquéritos policiais que investigam atos de corrupção, esse não reflete em uma melhora direta no IPC. Com relação ao ponto em análise, podemos simplesmente aceitar a retórica de que "estávamos em falsas condições, pois não se descobriam até então atos de corrupção" ou levarmos em consideração o estudo científico discutido por Klitigaard, como demonstrado em 1.5, sobre o nível ótimo de corrupção.

Independentemente de qual posição assumimos, uma relação lógica que se pode fazer diante do desempenho brasileiro demonstrado na figura IV é a de que o combate ostensivo da corrupção não necessariamente gerará uma melhora na percepção desta para os órgãos internacionais, o que, consequentemente, trará instabilidade e desconfiança com relação a investimentos do mercado estrangeiro no país, impactando, em consequência, o desempenho da economia. Essa queda de investimentos foi demonstrada em pesquisa do FMI, a qual relata que os investimentos em países corruptos é quase 5% menor do que em países que são relativamente livres de corrupção. Também o Fórum Econômico Mundial estima que a corrupção aumenta o custo de fazer negócios em até 10%, em média (OECD, 2014, p. 2). Aqui não se está a defender, em perspectiva consequencialista, que o combate intenso à corrupção pode gerar mau desempenho econômico, mas certamente devemos levar os dados em consideração para estudos mais aprofundados.

1.7 Conclusão parcial

Diante de toda a análise filosófica, léxico-semântica, histórica, econômica, infográfica e quantitativa, como custo ou (des)funcionalidade, nos fiamos na proposição de que a corrupção pode prejudicar o desenvolvimento econômico, a integridade das instituições e a capacidade do governo, se não for mantida sob controle rígido por parte do poder público.

Não é nossa pretensão neste estudo definir uma relação de causalidade dentro de um consequencialismo jurídico-econômico entre o enfrentamento positivo ou negativo da corrupção. Mas, certamente, demonstrar a relevância do quadro que se alastra por nosso estado democrático de direito.

A mitigação da corrupção é tarefa sabidamente árdua, mas plenamente possível, desde que sejam efetivadas as condutas necessárias e suficientes para tanto. E, sem dúvida, isso só será possível em um modelo normativo coeso, no qual o combate às práticas corruptas não seja visto apenas como objetivo político, mas como elemento jurídico, circundado pelos direitos constitucional, administrativo e penal, se for o caso.

O fenômeno "corrupção", segundo revela esta breve averiguação, remonta a milênios, não sendo exclusivo de um regime específico. A constância com que é perpetrada pode variar de acordo com a forma dos regimes de poder estabelecidos e da intenção que o governante ou os indivíduos que controlam o poder político têm. A corrupção está amalgamada à discussão da ética e da moral, sendo ela um desvio contrário a tudo que ligamos à criação positiva no Estado Democrático de Direito. Sendo assim, ao compreendermos a ligação da corrupção com a ética e a moral, adicionamos à norma um conteúdo de abrangência, tornando o indivíduo partícipe do sistema democrático e evitando que haja falta de legislações que acompanhe a evolução dos tempos.

2

RESPONSABILIZAÇÃO NA LEGISLAÇÃO ANTICORRUPÇÃO NORTE-AMERICANA: UMA ANÁLISE DO PRINCÍPIO DO *NE BIS IN IDEM*

Cumpre agora analisar a compreensão da aplicação do princípio do *ne bis in idem* na legislação anticorrupção norte-americana, o *Foreign Corrupt Practices Act* (FCPA). Passaremos por uma abordagem histórica dos momentos que justificaram a expedição da norma. Em seguida, faremos uma breve análise sobre a legislação já vigente e sua abrangência, sobre os órgãos competentes para processá-la, sobre sua limitação temporal, além de sua jurisdição na estrutura federativa norte-americana e suas sanções.

Após isso, para compreender o princípio garantidor do *non bis in idem* na legislação norte-americana, passaremos a explicar sobre a relação do direito administrativo sancionador e o direito penal no país até chegarmos ao estudo de nosso recorte metodológico.

2.1 Histórico pré-legislação

O *Foreign Corrupt Practices Act* (FCPA) foi o primeiro esforço de qualquer Estado para criminalizar especificamente o ato de subornar funcionários estrangeiros. O estatuto foi promulgado na sequência do escândalo *Watergate* nos Estados Unidos, que levou à demissão do Presidente Richard Nixon em 1974 e resultou em uma dramática queda na confiança geral dos americanos no governo.

Como costuma acontecer no período que antecede a promulgação de novas leis, o FCPA não surgiu sem que casos concretos importantes o antecedessem. Alguns eventos concretos e razões políticas motivaram o Congresso Americano a promulgar a legislação de combate à corrupção americana (KOEHLER, 2012, p. 932).

O Professor Assistente da Faculdade de Direito da Southern Illinois University, Mike Koehler, participou da história legislativa de pós-promulgação do FCPA quando testemunhou na audiência do Senado americano em 2010, a qual examinou a execução do FCPA, "Examining Enforcement of the Foreign Corrupt Practices Act".

Segundo Koehler (2012, p. 934), a descoberta do grave problema de pagamentos irregulares de corporações estrangeiras em meados da década de 1970 resultou de um arranjo de trabalho do Procurador Especial que dirigiu o caso *Watergate* e dos trabalhos de acompanhamento e investigações relacionados à *Securities and Exchange Commission* (SEC) e ao Senador Frank Church's da Subcomissão de Empresas Multinacionais (Church Comitte).

Juntamente com o trabalho da *SEC*, o subcomitê liderado pelo senador Frank Church's, *Subcommittee on Multinational Corporations*, integrado ao comitê *Senate Foreign Relations Committee*, criado no ano de 1972, também ajudou a esclarecer dúvidas sobre pagamentos corporativos estrangeiros questionáveis. Segundo Koehler (2012, p. 1934), entre outras coisas, o subcomitê investigou relações entre empresas de petróleo dos Estados Unidos da América e nações produtoras de petróleo do Oriente Médio, planos corporativos para influenciar eleições no Chile e cumplicidade entre empresas dos EUA e outros países estrangeiros (FRANK CHURCH PAPER,1998, p.1). Em decisão unânime, após longo tempo de deliberações, somado às audiências do *Watergate Comitte* e aos relatórios do SEC, o comitê do senador Frank Church decidiu então iniciar investigações em audiência pública.

Já em maio de 1975, o comitê do senador Church realizou a primeira de várias audiências públicas geralmente tratando das contribuições políticas corporativas dos EUA para governos estrangeiros. O senador Church abriu as audiências da seguinte forma:

> In the course of the Watergate Committee hearings and the investigation the Special Prosecutor, it became apparent that major American corporations had made illegal political contributions in the United States. More recently, the [SEC] has revealed that several multinational corporations had failed to report to their shareholders millions of dollars of offshore payments in violation of the Securities laws of the United States. . . .

> The [SEC] is understandably concerned that the disclosure requirements of U.S. laws are complied with. This subcommittee is concerned with the foreign policy consequences of these payments by U.S.-based multinational corporations.
>
> This is not a pleasant or easy subject for the corporations involved or U.S. Government officials to discuss in a public forum. This subcommittee deliberated long and hard as to whether it should pursue this matter, and, if so, in what fashion. It decided by a unanimous vote to initiate this investigation and to do so in open public hearings. For what we are concerned with is not a question of private or public morality. What concerns us here is a major issue of foreign policy for the United States. (CHURCH, 1975, p. 1)

O comitê do Senador Church buscava respostas para solucionar questões sobre o grave problema dos pagamentos irregulares demonstrado pelos relatórios do *SEC* .

> Em que país eles foram feitos? Eles eram ilegais no país em que eles foram feitos? Se a corporação estava relutante, ela trouxe a questão para o atenção da Embaixada dos EUA? Se não, por que não? Os Estados Unidos têm um programa de assistência externa no país em que o pagamento foi feito? O investimento da empresa no país foi garantido, no todo ou em parte, pela Corporação de Investimento Privado Internacional do nosso governo? A embaixada dos estava ciente de tais pagamentos? Se não, por que não? (KOEHLER, 2012, p. 934, tradução do autor)

Ao longo de quatro meses, no verão do ano de 1975, o *Church Committee* realizou audiências separadas relativas a diversas empresas, sendo as de maior relevância política e econômica a *Gulf Oil, Northrop Corporation, Exxon, Mobil Oil, United Brands Company,Ashland Oil* e *Lockheed.* Cada uma dessas corporações, segundo Koehler (2012, p.934), foi objeto das audiências ou já havia feito declarações de culpa relativas a pagamentos questionáveis feitos direta ou indiretamente a funcionários do governo estrangeiro ou a partidos políticos estrangeiros em conexão por finalidade comercial.

Um exemplo foi a *Gulf Oil*, que se envolveu em contribuições para a campanha política do Presidente da República da Coreia (KOEHLER, 2012, p. 934). *A Northrop* se envolveu principalmente em pagamentos a um general saudita (KOEHLER, 2012, p. 934). As empresas *Exxon* e *Mobil Oil Corp* se envolveram em contribuições para os partidos políticos italianos. *A Lockheed* principalmente se envolvia em pagamentos ao primeiro-ministro japonês Tanaka, ao príncipe Bernhard (o Inspetor- Geral das Forças Armadas holandesas e marido da rainha Juliana [dos Países Baixos]) e aos partidos políticos italianos (KOEHLER, 2012, p. 934).

Com relação aos pagamentos listados aos partidos italianos na década de 1970, pelas empresas *Exxon, Mobil Oil Corp* e *Lockheed*, estas tinham objetivos corporativos específicos. Um dos objetivos listados em documentos apreendidos pelas autoridades italianas foi o de deter o desenvolvimento de energia nuclear na Itália em favor da queima de mais petróleo em usinas elétricas (ATOMIC INSIGHTS, 2014, p. 1).

O relatório da SEC (1976) sobre Práticas e Pagamentos Corporativos Ilegais e Questionáveis (SEC Report) declarou o seguinte:

> In 1973, as a result of the work of the Office of the [Watergate] Special Prosecutor, several corporations and executive officers were charged with using corporate funds for illegal domestic political contributions. The Commission recognized that these activities involved matters of possible significance to public investors, the nondisclosure of which might entail violations of the federal securities laws.
>
> The Commission's inquiry into the circumstances surrounding alleged illegal political campaign contributions revealed that violations of the federal securities laws had indeed occurred. The staff discovered falsifications of corporate financial records, designed to disguise or conceal the source and application of corporate funds misused for illegal purposes, as well as the existence of secret "slush funds" disbursed outside the normal financial accountability system. These secret funds were used for a number of purposes, including in some instances, questionable or illegal foreign payments. These practices cast doubt on the integrity and reliability of the corporate books and records which are the very foundation of the disclosure system established by the federal securities laws
>
> In 1973, as a result of the work of the Office of the [Watergate] Special Prosecutor, several corporations and executive officers were charged

> with using corporate funds for illegal domestic political contributions. The Commission recognized that these activities involved matters of possible significance to public investors, the nondisclosure of which might entail violations of the federal securities laws. . . .
>
> The Commission's inquiry into the circumstances surrounding alleged illegal political campaign contributions revealed that violations of the federal securities laws had indeed occurred. The staff discovered falsifications of corporate financial records, designed to disguise or conceal the source and application of corporate funds misused for illegal purposes, as well as the existence of secret "slush funds" disbursed outside the normal financial accountability system. These secret funds were used for a number of purposes, including in some instances, questionable or illegal foreign payments. These practices cast doubt on the integrity and reliability of the corporate books and records which are the very foundation of the disclosure system established by the federal securities laws. (SEC REPORT, 1976, p. 353)

Da leitura podemos extrair que o relatório *Sec Report* (1976) indicou que várias corporações foram acusadas de usar fundos corporativos para contribuições políticas domésticas ilegais. A Comissão reconheceu que essas atividades envolviam questões de possível importância para os investidores públicos, cuja revelação poderia implicar violações das leis federais e de valores mobiliários. O inquérito da comissão sobre as circunstâncias que envolveram as alegadas contribuições para campanhas políticas ilegais revelou o que realmente havia ocorrido sobre as violações das leis federais e de valores mobiliários. De acordo com o *Sec Report* (1976), a equipe envolvida na investigação descobriu falsificações de registros financeiros corporativos, concebidas para disfarçar ou ocultar a origem e a aplicação de fundos corporativos utilizados indevidamente para fins ilegais, bem como a existência de "fundos secretos" pagos fora do sistema normal de prestação de contas financeiras. Esses fundos secretos teriam sido utilizados para vários fins, incluindo, em alguns casos, pagamentos estrangeiros duvidosos ou ilegais. Essas práticas lançaram dúvidas sobre a integridade e confiabilidade dos livros e registros corporativos, que são a base do sistema de divulgação estabelecido pelas leis federais de valores mobiliários.

Como é evidente no relatório da *SEC* (1976), seu foco não recaía sobre uma análise de ilegalidade dos pagamentos nacionais e estrangeiros descobertos com relação às normas americanas, mas sim se tais pagamentos eram e deveriam ser divulgados aos investidores (KOEHLER, 2012, p. 933).

Com relação ao escândalo da empresa *Lockheed,* esta recebeu especial atenção do Congresso americano. A empresa, uma das maiores fabricantes de aviões e importante indústria da defesa americana, devia sua existência a empréstimos do governo, na época no valor aproximado de US$250 milhões, destinados a mantê-la fora da falência. Os atos de corrupção revelados atingiram diretamente a imagem do governo americano no exterior (KOEHLER, 2012, p. 935).

Além disso, embora não fosse o foco das audiências do *Church Committee*, os pagamentos estrangeiros realizados pelas empresas *United Brands Company* e *Ashland Oil* também preocupavam o Congresso Americano. A empresa *United Brands Company* se envolveu em pagamentos a Oswaldo Lopez Arellano, o Presidente de Honduras na época, deposto por este motivo via golpe militar. O caso foi realizado em troca de redução de impostos sobre exportações de bananas, denominado então como *Bananagate*, em alusão ao escândalo de *Watergate* (LA PRENSA, 2009, p. 1). Além disso, a *Ashland Oil* se envolveu em pagamentos a Albert Bernard Bongo, o Presidente do Gabão (DAVIS; RESNICK-AULT, 2015, p. 73).

Os escândalos da década de 1970 nos Estados Unidos levaram o Congresso a rever seu arcabouço normativo. Diante desse cenário, então, foi regulamentada a normativa americana contra a corrupção, o *FCPA*. Destacamos um extrato da legislação que demonstra um dos corolários da lei:

> No nosso sistema de mercado livre, é fundamental que a venda de produtos ocorra com base em preço, qualidade e serviço. O suborno corporativo é fundamentalmente destrutivo desse princípio básico. (FCPA GUIDE, 2012, p. 8)

Com esse pano de fundo, o Congresso americano em 1977 concluiu haver uma forte necessidade de legislação antissuborno nos Estados Unidos, a fim de evitar maiores danos ao seu mercado concorrencial.

2.2 O período de vigência do FCPA e sua abrangência

Ao se compreender todo o histórico político e econômico dos momentos que antecederam a promulgação do *Foreign Corrupt Practices Act* (FCPA) ou Lei de Práticas Corruptas no Exterior, de 1977, consegue-se dizer claramente que o mesmo surgiu como tentativa de combater a corrupção e desestimular corporações e empresas norte-americanas a se envolverem em casos de suborno e corrupção no exterior (SPORKIN, 1997, p. 271).

Quando a FCPA foi adotada em 1977, os custos da corrupção estavam apenas começando a ser compreendidos. Além disso, em perspectiva econômica, como narrado no item 2.1, enfrentava o descrédito acadêmico pela influência de diversos autores revisionistas como Nathaniel Leff, Colin Leys e Samuel P. Huntingon. Estes autores, principalmente os americanos Leff e Huntingon, convenciam a ciência econômica, sobretudo durante as décadas de 1960 e 1970, a compreender que atos de corrupção, como o suborno, poderiam até mesmo aumentar a eficiência econômica ao fornecer um caminho simples em torno de burocracias complexas e rígidas. Para Leff e Huntingon, esse aquecimento econômico se daria mediante dois mecanismos: a) as práticas de corrupção de *speed money* capacitariam os agentes privados a evitar a burocracia e as demoras correspondentes; b) os funcionários públicos que recebessem suborno iriam trabalhar com mais afinco, pois o suborno funcionaria como um incentivo na busca de uma maior produtividade no ambiente burocrático (GARCIA, 2003, p. 51-52).

Mesmo com a compreensão ainda limitada aos fatos históricos recentemente descobertos e o descrédito de alguns acadêmicos revisionistas da economia, o FCPA foi aprovado com o objetivo de coibir duas atividades empresariais ilícitas: o suborno e a contabilidade falsa ou imprecisa (NUNO; HELIAMARA, 2017, p. 170).

A FCPA foi então promulgada a partir de uma preocupação essencialmente doméstica: a necessidade de regular a conduta das empresas americanas no exterior.

Já em 1998, com as emendas ocorridas no FCPA, o Congresso americano mudou ao perceber que, desta forma, a FCPA colocou as empresas americanas em desvantagem no mercado internacional. O entendimento era de que as empresas estrangeiras e indivíduos continuavam a subornar funcionários estrangeiros em prol de esforços comerciais, colhendo deduções fiscais e vantagem sobre as empresas americanas (DE LA TORRE, 2016, p. 472).

> Consequently, the United States sought to impose its definition of 'corruption' on international markets in order to 'level the playing field', thereby going beyond the initial trust-instilling impetus behind the FCPA.
>
> Against this backdrop, in 1988 Congress commanded the Executive Branch to negotiate with the United States' prominent trading partners in the Organization of Economic Cooperation and

> Development (OECD) to pass legislation similar to the FCPA. Pursuant to these negotiations, in 1997 the United States and thirty-three other countries entered into the OECD Convention on Combating Bribery of Foreign Public Officials in International Business Transactions (OECD Convention). The OECD Convention requires signatory countries to criminalize the bribery of foreign public officials by 'any person' and 'to establish... jurisdiction... when the offence is committed in whole or in part in its territory'. The OECD Convention also required signatories to pass legislation with a geographically broad reach; indeed, OECD commentary provided that '[t]he territorial basis for jurisdiction should be interpreted broadly so that an extensive physical connection to the bribery act is not required'. (DE LA TORRE, 2016, p. 472)

Percebe-se, então, que o longo alcance das emendas de 1998 buscou reequilibrar os mercados internacionais estendendo consideravelmente o FCPA para jurisdição internacional.

2.2.1 Órgãos responsáveis e seu desenho institucional

No que tange às autoridades públicas responsáveis pelo cumprimento da legislação americana, dois órgãos foram designados para fiscalização e cumprimento da lei na esfera criminal e cível. A execução criminal da legislação americana anticorrupção ficou a cargo exclusivo do *Department of Justice* (DOJ). Já com relação a aspectos cíveis, tanto o *Department of Justice* (DOJ), quanto a *Securities and Exchange Commission* (SEC) acumulam autoridade para execução civil (FCPA GUIDE, 2012, p. 4).

O DOJ, até 2012, apenas em alguns casos específicos, iniciou procedimentos cíveis por violações antissuborno, por questões domésticas envolvendo seus dirigentes, diretores, funcionários, agentes ou acionistas, e de empresas estrangeiras por violações enquanto estiveram nos Estados Unidos. Os casos, em ordem cronológica do mais recente ao mais antigo, foram: *United States & SEC v. KPMG Siddharta Siddharta & Harsono et al.* (2001), *United States v. Metcalf & Eddy, Inc. et al.*(1999), *United States v. American Totalisator Co. Inc. et al.*(1993), *United States v. Eagle Bus Manufacturing, Inc. et al.* (1991), *United States v. Carver et al.* (1979), *United States v. Kenny et al.* (1979). Este último em conjunto a processo criminal (FCPA GUIDA, 2012, p. 117-118).

2.2.2 Limitação temporal

As disposições antissuborno e contábeis da FCPA não especificam limitação temporal específica para ajuizamento de eventuais ações criminais. Sendo assim, aplicar-se-ia a regra geral de cinco anos prevista no 18 U.S.C. § 3282. Senão, vejamos:

> 18 U.S. Code § 3282.Offenses not capital
>
> a) In General.-

> Except as otherwise expressly provided by law, no person shall be prosecuted, tried, or punished for any offense, not capital, unless the indictment is found or the information is instituted within five years next after such offense shall have been committed. (18 USC, 2019, § 3282)

O US. Code também prevê uma regra de suspensão de referido prazo, conforme estabelece o 18 U.S.C. § 3292:

> 18 U.S. Code § 3292. Suspension of limitations to permit United States to obtain foreign evidence
>
> (a)
>
> (1)
>
> Upon application of the United States, filed before return of an indictment, indicating that evidence of an offense is in a foreign country, the district court before which a grand jury is impaneled to investigate the offense shall suspend the running of the statute of limitations for the offense if the court finds by a preponderance of the evidence that an official request has been made for such evidence and that it reasonably appears, or reasonably appeared at the time the request was made, that such evidence is, or was, in such foreign country.
>
> (2)
>
> The court shall rule upon such application not later than thirty days after the filing of the application.
>
> (b)
>
> Except as provided in subsection (c) of this section, a period of suspension under this section shall begin on the date on which the official request is made

> and end on the date on which the foreign court or authority takes final action on the request.
>
> (c) The total of all periods of suspension under this section with respect to an offense–
>
> (1)
>
> shall not exceed three years; and
>
> (2)
>
> shall not extend a period within which a criminal case must be initiated for more than six months if all foreign authorities take final action before such period would expire without regard to this section. (18 USC, 2019, § 3292)

O governo, então, poderia solicitar uma ordem judicial suspendendo o prazo de prescrição imposta em um processo criminal por até três anos, a fim de obter provas de países estrangeiros. Geralmente, o período de suspensão começa quando o pedido oficial é feito pelo governo dos EUA para a autoridade estrangeira e termina na data em que a autoridade estrangeira toma a decisão final sobre o pedido (18 USC, 2019, § 3282).

Já quanto aos processos extrajudiciais, movidos pela Securities and Exchange Commission (SEC), o estatuto de limitações é definido por 28 U.S.C. § 2462, que prevê uma limitação de cinco anos a qualquer ação ou processo para a execução de qualquer multa civil ou penalidade administrativa.

> 28 U.S. Code § 2462.Time for commencing proceedings

> Except as otherwise provided by Act of Congress, an action, suit or proceeding for the enforcement of any civil fine, penalty, or forfeiture, pecuniary or otherwise, shall not be entertained unless commenced within five years from the date when the claim first accrued if, within the same period, the offender or the property is found within the United States in order that proper service may be made thereon. (28 USC, 2019, § 2462)

Diante do destaque legislativo, percebemos que o FCPA foi omisso na questão temporal referente à prescrição sancionatória de autoridades judiciais. No entanto, ao regramento se aplica analogicamente o dispositivo geral do título 18 U.S.C. § 3282, qual seja, cinco anos. A lei também admitiu situações de suspensão pelo prazo de três anos, com o objetivo específico de obter novas provas. Com relação aos processos extrajudiciais movidos pela *SEC*, a legislação foi específica, determinando o prazo de cinco anos para sancionamento civil penal.

2.2.3 Questão jurisdicional

Passaremos, então, a abordar a questão jurisdicional da legislação. Isso é necessário pois o Estado norte-americano se organiza em uma federação, na qual os estados estão organizados normativamente de maneira autônoma. Sendo assim, é necessário compreender o alcance jurisdicional do FCPA.

Importante dizer que o FCPA define como crime não apenas o pagamento de propina em si, mas também todo e qualquer pagamento feito por empresas listadas na bolsa de valores norte-americana que não esteja registrado devidamente e de forma clara e precisa (FCPA GUIDE, 2012, p. 11-12). A abrangência da legislação aos sujeitos ativos e passivos de possíveis imputações é consideravelmente ampla.

As disposições antissuborno da FCPA podem ser aplicadas a condutas ilícitas dentro e fora dos Estados Unidos, "issuers" e "domestic concerns". Com relação à definição de *issuers,* na prática entende-se por qualquer empresa com títulos ou ações de valores mobiliários listados na bolsa de valores nacional dos Estados Unidos, ou qualquer empresa emissora de ações cotadas no mercado de balcão nos Estados Unidos. Sendo assim, não seria necessário a empresa estar sediada nos EUA para ser um *issuer*. Além das empresas, também seus dirigentes, diretores, funcionários, agentes ou acionistas agindo em nome de empresas emissoras poderiam ser processados, uma vez que estivessem utilizando dos correios norte-americanos ou qualquer meio e instrumento do comércio interestadual para efetuar um pagamento corrupto a um funcionário estrangeiro (FCPA GUIDE, 2012, p. 11-12).

A Lei define "comércio interestadual" como "comércio, transporte ou comunicação entre os vários Estados, ou entre qualquer país estrangeiro e qualquer Estado ou qualquer lugar ou navio fora dele [...]" (FCPA GUIDE, 2012, p. 11-12). Isso compreende o uso de qualquer meio interestadual de comunicação. Assim também, por exemplo, fazer uma chamada telefônica ou enviar um *e-mail*, mensagem de texto ou fax de, para ou por meio dos Estados Unidos envolve comércio interestadual, assim como fazer uma transferência bancária de/para um banco dos EUA ou usar de quaisquer mecanismos do sistema bancário norte-americano ou, ainda, viajar através de fronteiras estaduais ou internacionais dos/para os Estados Unidos (USA, 2012, p. 11-12):

> The FCPA is famous for its incredibly broad jurisdiction, much to the dismay (and often, surprise) of non-U.S. companies that have found themselves ensnared by the statute's expansive jurisdictional provisions. The FCPA applies to companies and persons based on either (a) the country in which the improper activity occurred (territorial-based jurisdiction) or (b) the origin of the party committing the act (nationality-based jurisdiction). Territorial jurisdiction covers persons or companies that commit an act within the territory of the United States 'in furtherance of' a corrupt payment or offer of payment, using the U.S. mails or other means or instrumentalities of interstate commerce. (TILLIPMAN, 2014, p. 14)

Já com relação ao termo "domestic concern", definiu-se qualquer indivíduo que seja cidadão, nacional ou residente nos Estados Unidos, ou qualquer corporação, parceria, associação, sociedade anônima, *trust* empresarial, organização sem personalidade jurídica ou sociedade unipessoal que esteja organizada sob as leis dos Estados Unidos ou de seus estados, territórios, possessões ou comunidades ou que tenha seu principal local de negócios nos Estados Unidos. Diretores, funcionários, agentes ou acionistas agindo em nome de uma empresa doméstica, incluindo estrangeiros ou empresas (FCPA GUIDE, 2012, p. 11-12).

Destacamos aqui que as investigações tratadas pelo FCPA, por meio do DOJ ou da SEC, não chegam sequer a ser processadas judicialmente. Ao nosso entendimento, isso se justificaria por dois fatos: (i) o investigado, ao buscar celebrar acordos de não persecução penal com o Estado norte-americano, tem a garantia de estabelecer melhores condições na imposição de sanções e de que não passará por processos judiciais; (ii) de outro modo, tendo em vista a legislação sancionatória que abordaremos em seguida, o investigado, com receio de um sancionamento penal extremo, opta pela realização de acordos, evitando assim penas mais duras. Esta escolha, possível na legislação norte-americana, acaba sendo desaconselhável ao analisarmos a legislação brasileira, haja visto que, como destacado adiante, em caso de celebração de acordos de leniência, os mesmos não suspenderiam eventuais sanções administrativas diversas ou criminais.

2.2.4 Das penalidades e sanções previstas

Para cada violação das cláusulas antissuborno, a FCPA determina que as empresas e outras entidades de negócios estejam sujeitas a um valor de até US$2 milhões, conforme disposto no título 15 do U.S. Code e suas sessões. Vejamos o 15 §§ 78dd-2(g)(1)(A):

15 U.S. Code § 78dd–2.Prohibited foreign trade practices by domestic concerns

(g)Penalties

(1)

(A)

Any domestic concern that is not a natural person and that violates subsection (a) or (i) of this section shall be fined not more than $2,000,000. (15 USc § 78dd–2)

Também o 15 U.S.C. §§ 78dd-3(e)(1)(A):

15 U.S. Code § 78dd–3. Prohibited foreign trade practices by persons other than issuers or domestic concerns

(e)Penalties

(1)

(A)

Any juridical person that violates subsection (a) of this section shall be fined not more than $2,000,000. (15 USC. §§ 78dd-3(e)(1)(A))

E ainda o 15 U.S.C. §§ 78ff(c)(1)(A):

15 U.S. Code § 78ff.Penalties

(c)Violations by issuers, officers, directors, stockholders, employees, or agents of issuers

(1)

(A)

Any issuer that violates subsection (a) or (g) of section 78dd–1 of this title shall be fined not more than $2,000,000. (15 USC. §§ 78ff(c)(1)(A).)

Indivíduos, incluindo representantes, diretores, acionistas e agentes de empresas, estão sujeitos ao pagamento de multas de até US$250.000 e prisão por até cinco anos. Conforme 15 U.S.C. §§ 78dd-2(g)(2)(A), 78dd-3(e)(2)(A) e 78ff(c)(2)(A):

15 U.S. Code § 78dd–2.Prohibited foreign trade practices by domestic concerns

(g) Penalties

(2)

(A)

Any natural person that is an officer, director, employee, or agent of a domestic concern, or stockholder acting on behalf of such domestic concern, who willfully violates subsection (a) or (i) of this section shall be fined not more than $100,000 or imprisoned not more than 5 years, or both. (15 USC § 78dd–2.)

15 U.S. Code § 78dd–3.Prohibited foreign trade practices by persons other than issuers or domestic concerns

(e) Penalties

(2)

(A)

Any natural person who willfully violates subsection (a) of this section shall be fined not more than $100,000 or imprisoned not more than 5 years, or both. *(15 USC § 78dd–3.)*

15 U.S. Code § 78ff. Penalties

(c)Violations by issuers, officers, directors, stockholders, employees, or agents of issuers

(2)

(A)

> Any officer, director, employee, or agent of an issuer, or stockholder acting on behalf of such issuer, who willfully violates subsection (a) or (g) of section 78dd-1 of this title shall be fined not more than $100,000, or imprisoned not more than 5 years, or both. (15 USC § 78ff)

Por cada violação das disposições contábeis, a FCPA determina que as empresas e outras entidades de negócios estejam sujeitas a um valor de até US$25 milhões. Indivíduos estão sujeitos a um valor de até US$5 milhões e prisão por até 20 anos conforme 15 U.S.C. § 78ff(a):

> 15 U.S. Code § 78ff.Penalties
>
> **(a) Willful violations; false and misleading statements**
>
> Any person who willfully violates any provision of this chapter (other than section 78dd-1 of this title), or any rule or regulation thereunder the violation of which is made unlawful or the observance of which is required under the terms of this chapter, or any person who willfully andknowingly makes, or causes to be made, any statement in any application, report, or document required to be filed under this chapter or any rule or regulation thereunder or any undertaking contained in a registration statement as provided in subsection (d) of section 78o of this title, or by any self-regulatory organization in connection with an application for membership or participation therein or to become associated with a member thereof which statement was false or misleading with respect to any material fact, shall

> upon conviction be fined not more than $5,000,000, or imprisoned not more than 20 years, or both, except that when such person is a person other than a natural person, a fine not exceeding $25,000,000 may be imposed; but no person shall be subject to imprisonment under this section for the violation of any rule or regulation if he proves that he had no knowledge of such rule or regulation. (15 USC § 78ff)

Diante da abrangência de jurisdição do FCPA e os impactos das significativas sanções aos sujeitos passíveis de penalização, é imperioso passarmos a uma compreensão do direito de punir concedido ao Estado, postulado na expressão latina *ius puniendi.*

2.3 A relação entre o direito administrativo sancionador e o direito penal na legislação norte-americana

Um dos fundamentos da Declaração de Independência e da Constituição americana é que a legitimidade e autoridade moral de um governo para exercer o poder têm como premissa o "consentimento dos governados". Essa teoria do governo foi altamente influenciada pelo filósofo inglês John Locke, que escreveu em 1690:

> O poder do legislativo é derivado do povo por um subsídio de uma instituição voluntária e positiva [...] o Legislativo não pode ter Poder para transferir sua Autoridade de fazer Leis e colocá-lo em outras Mãos. (LOCKE, 1690, tradução do autor)

O Presidente da Suprema Corte Americana, John Marshall, ainda no século XIX, mais precisamente em 1825, no caso Wayman *v.* Southard (1825), estabeleceu uma distinção entre a promulgação de regramentos sobre assuntos "importantes", que seria estritamente uma função legislativa, e a delegação de poder a outros, para preenchimento do que ele denominou "detalhes". A decisão envolvia os direitos dos poderes legislativos estaduais americanos de estabelecer regras e procedimentos nos tribunais federais em seus estados. Neste caso, o legislativo do estado de Kentucky tentou definir procedimentos que regem os "writs" de execução nos Tribunais Federais existentes em seu território, de acordo com os procedimentos dos tribunais estaduais de Kentucky. O Tribunal dos Estados Unidos para o Sétimo Circuito do Estado de Kentucky enviou então a questão ao Supremo Tribunal para decisão. O presidente da Suprema Corte, John Marshall, foi o autor da decisão, na qual ele argumentou que os Tribunais Federais não estão sujeitos aos estatutos dos poderes legislativos estaduais. Além disso, a delegação do Congresso do poder concedido aos Tribunais Federais de se autorregularem não representou uma delegação inconstitucional de poder legislativo (*Wayman v. Southard, 23 U.S. (10 Wheat.) 1, 41* (1825).

De fato, a Suprema Corte dos Estados Unidos afirmou que o Congresso pode delegar às agências do poder executivo a capacidade de "preencher os detalhes" de procedimentos, como no caso *Wayman v. Southard.* No entanto, a exigência para tanto é de que o Congresso Nacional forneça um "princípio inteligível" no estatuto subjacente para orientar essas agências e com o qual eles devem se conformar. Isso é chamado de doutrina de não delegação. Esse entendimento é narrado no extrato do caso *J. W. Hampton, Jr., & Co. v. Estados Unidos*:

> Ao determinar o que o Congresso pode fazer em busca de assistência de outro ramo, a extensão e o caráter dessa assistência devem ser fixados de acordo com o senso comum e as necessidades inerentes à coordenação do governo. Enquanto o Congresso estabelecer por ato legislativo um princípio inteligível para o qual a pessoa ou órgão autorizado a [exercer a autoridade delegada] é orientado a se conformar, tal ação legislativa não é uma delegação proibida de poder legislativo. (J.W. Hampton, Jr., & Co. v. Estados Unidos, 276 U.S. 394, 406, 1928, tradução do autor)

O fato é que, no entanto, o Congresso frequentemente passa estatutos amplos e abertos, os quais são o resultado de um compromisso ou um desejo de evitar escolhas difíceis que podem se provar politicamente impopulares. Isso resulta na delegação de imenso poder aos reguladores, incluindo o poder de promulgar regulamentos que levam a penalidades criminais. A distinção entre ofensas regulatórias e os chamados de crimes "tradicionais", "verdadeiros" ou "reais" (por exemplo, assassinato, estupro e roubo) é encontrada na maioria dos sistemas de direito penal (DUBBER, 2014, p. 2).

Embora deva ser tomada precaução ao fazer generalizações, existem na maioria das jurisdições diferenças claramente visíveis entre as normas e práticas de execução relativas a cada uma destas duas categorias de ilicitudes. A relação entre o direito penal e o administrativo nos Estados Unidos da América data da virada do século XIX, quando o Congresso estabeleceu agências administrativas federais e um marco regulatório que incluía penalidades civis e criminais por não cumprir as regras promulgadas por essas agências (MALCOLM, 2014, p. 1). Segundo John Malcom, na época Vice-Presidente do *Institute for Constitutional Government and Director of the Meese Center for Legal & Judicial Studies,* como com os estatutos criminais federais, as ofensas regulamentares que pretendem aperfeiçoar e refinar os detalhes desses estatutos proliferaram a tal ponto que, literalmente, ninguém sabe quantas regulamentações criminais federais existem hoje em dia (MALCOLM, 2014, p. 1, tradução do autor). Eis, assim, um sério problema de alargamento do direito penal americano, problema este já bastante antigo, ou seja, mais de um século.

Um dos problemas do alargamento do direito penal e a superpopulação carcerária americana é debatido pelo professor da *Harvard University*, Mike C. Materni. Segundo o autor, a população carcerária americana até 2013 já superava 2,2 milhões de pessoas, se tornando, assim, o estado mais punitivo do mundo (MATERNI, 2013, p. 264).

O direito penal americano continua a basear-se em uma fundação quase patriarcal. Doutrinariamente falando, a lei criminal é a manifestação mais intrusiva do "poder policial" do Estado, que desde William Blackstone foi definido como o poder da "devida regulação e ordem interna do reino: pelo qual os indivíduos do estado, como membros de uma família bem governada é obrigada a conformar seu comportamento geral às regras de propriedade, boa vizinhança e boas maneiras" (DUBBER, 2005, p. 162). Nos Estados Unidos, o direito penal até hoje é concebido para proteger a soberania do Estado contra "ofensas" (DUBBER, 2004, p. 49).

John Malcolm narra que as leis criminais americanas destinam-se a impor um código moral comumente aceito, apoiado por toda a força e autoridade do governo. Em contrapartida, as regulamentações:

> Destinariam-se a estabelecer regras de trânsito em diversas áreas destinadas a conter os excessos e a lidar com as consequências em uma sociedade complexa, em rápida evolução e altamente industrializada, com penalidades associadas a violações dessas regras. (MALCOLM, 2014. p. 2, tradução do autor)

A crítica trazida então por John Malcolm é que funcionários não eleitos em uma miríade de agências federais promulgam regulamentos que carregam consigo também penalidades criminais. Esses regulamentos cresceram de forma tão volumosa nos EUA que dificilmente alguém conseguiria ter conhecimento na íntegra. O total foi estimado, de forma conservadora, em mais de 300.000, com dezenas ou centenas a mais sendo promulgadas a cada ano (MALCOLM, 2014, p. 2).

Eis um problema entre o citado amalgamento do direito penal e do direito sancionatório administrativo americano. Quando analisamos, por exemplo, a máxima legal "*ignorantia juris non excusat*", nos deparamos com um compêndio de leis como *o Code of Federal Regulations (CFR),* que contém mais de 80.000 páginas e vem crescendo constantemente por três décadas. Segundo John Malcolm, considerando as fileiras de prateleiras da biblioteca necessárias para armazenar os 200 volumes do CFR, "a velha máxima foi reduzida a uma piada cruel" (MALCOLM, 2014, p. 2).

Embora algumas entidades altamente regulamentadas recebam aviso sobre o que é e o que não é ilegal, esse não é o caso de muitas outras entidades e indivíduos, que podem acabar cometendo inadvertidamente atos que constituem crimes. O risco é exacerbado pelo fato de que muitas dessas proibições criminais carecem de um requisito adequado do instituto da *common law,* a "*guilty mind*", de origem da expressão latina *mens rea* ("mente culpada") (MALCOLM, 2014, p. 2).

Em suma, a "*guilty mind*" exige, para alguém ser considerado culpado criminalmente, a *mens rea.* A origem da *mens rea*, ou "mente culpada" é a estrutura de formação da culpa na *common law*. Para entender a *mens rea* é necessário percorrer quatro estágios, a *intent, knowledge, recklessness e neglicence* (OLIVEIRA, 2019, p. 1).

O primeiro desses estágios é o chamado de *intent*, ou seja, a intenção, a qual é marcada pela vontade consciente em praticar ato perigoso ou ilegal, exemplificada pelo desejo em agredir outrem para lhe causar dano. O segundo estágio, conhecido como o *knowledge*, cujo teor consiste na ciência do agente sobre possíveis resultados ao praticar certas ações, porém este não aparenta dar importância a esses riscos prováveis. Sob a linha do *knowledge*, cumpre relembrar uma breve abordagem realizada nos artigos sobre a teoria da cegueira deliberada, haja vista o agente ter a probabilidade de conhecer a prática delituosa e, buscando eximir-se de responsabilidades, ou puramente por questões de desinteresse, nada faz. Contextualizando: o agente incorre em *knowledge* em casos em que há o risco de existir práticas de lavagem de dinheiro no interior de certa empresa e, com isso, um de seus dirigentes, temendo responsabilizações ou não tendo interesse em ter seu tempo tomado por uma desconfiança provável, ignora a probabilidade. Desse modo, incorre-se em delito por deter *mens rea* na modalidade *knowledge*, sendo responsabilizado criminalmente por ter o conhecimento criminoso (OLIVEIRA, 2019, p. 1).

A terceira é a *recklessness*, conhecida no Brasil como imprudência. Esta consiste na prática de ato mesmo ciente dos riscos associados a ela. Um exemplo típico brasileiro consiste na direção em excesso de velocidade, na qual o condutor possui consciência do risco de acidente. A última parte da *mens rea* é a *negligence*, facilmente traduzida pela negligência estipulada em nosso ordenamento brasileiro. No caso norte-americano ela é tida como uma forma menos gravosa da modalidade. Esta consiste na não obtenção do zelo razoável, de um padrão esperado por certa prática. A título de exemplo elenca-se a criança que se afoga porque o cuidador não atendeu seu dever de impedir afogamentos, podendo ser culpado no direito americano por negligência criminosa.

Partindo a análise para o segundo conceito, denominado de *actus reus*, este possui origem latina e significa "ato de culpabilidade", representa a antijuricidade por meio de elementos externos (ou objetivos) de um delito. Sob linhas mais definidas, o *actus reus* se consubstancia na ação e, nas palavras de Luiz Vicente Cerninchiaro, consiste na junção da conduta propriamente dita com o resultado, proveniente da conduta delituosa. Sendo assim, se reunirmos a *actus reus* com a *mens rea*, obteremos os requisitos necessários para que haja a responsabilização criminal em países de *common law*, como Estados Unidos e Inglaterra. Sob o âmbito do direito penal norte-americano, em alguns casos exigem-se provas acerca das circunstâncias.

Sendo assim, é possível perceber que os termos se assemelham aos existentes no Brasil, muito embora existam distinções de classificação entre eles.

Ao longo da maior parte da história legal anglo-americana, a "*guilty mind*" foi considerada um elemento essencial da constituição do crime, porque assegurava que a lei criminal enredasse apenas as partes moralmente culpadas (MALCOLM, 2014, p. 2).

Essa compreensão foi reforçada pelo julgamento da Suprema Corte Americana no caso *United States v. Morissette*, em que restou consolidado que:

> The contention that an injury can amount to a crime only when inflicted by intention is no provincial or transient notion. It is as universal and persistent in mature systems of law as belief in freedom of the human will and a consequent ability and duty of the

> normal individual to choose between good and evil. (United States *v*. Morissette, 1952)

Já com relação aos dispositivos administrativos, segundo Malcolm, estes regulamentos não proíbem condutas moralmente indefensáveis. Os regulamentos permitem a conduta, mas eles circunscrevem – muitas vezes de maneiras muito difíceis para o não especialista entender (MALCOLM, 2014, p. 3). A maioria das legislações federais e estaduais autoriza o governo a realizar investigações civis e criminais e a buscar sanções tanto civis como criminais (NEAFSEY; BONAMO, 2011, p. 719).

Em nossa visão, o que ocorrerá é que uma parcela significativa de indivíduos não saberá que está exposto a possíveis responsabilidades criminais por se engajar em atividades rotineiras como parte de suas vidas cotidianas.

Nesse mesmo sentido, a imputação de responsabilidades no alinhamento do direito penal e do direito sancionatório administrativo, como nos ensina a professora Helena Regina Lobo da Costa, reside no estabelecimento de limites mais rigorosos e claros ao âmbito punitivo do Estado (COSTA, 2012, p. 131).

É exatamente essa clareza, dita pela professora Helena Regina Lobo da Costa, dos limites de imputação penal ou sancionatório administrativo, que possivelmente impediria os casos de "*bis in idem*"; ou, na "*common law*", o chamado "*double jeopardy*". Assim, em seguida, apresentaremos de forma mais específica nosso recorte metodológico do trabalho, na busca da resposta de nossa hipótese construída nessa pesquisa.

2.4 O *bis in idem* ou *double jeopardy* no direito norte-americano

Para encontramos respostas à nossa hipótese, devemos então analisar a compreensão da proibição do *bis in idem* no que tange à sua aplicação também para afastar a cumulação de sanção penal e sanção administrativa pelo mesmo fato, além de investigar como o princípio foi compreendido no ordenamento jurídico norte-americano.

Não há unanimidade de opiniões sobre a origem do princípio do *non bis in idem* pois, segundo Martin Lawrence Friedland este é um dos mais antigos conceitos jurídicos (FRIEDLAND, 1969, p. 3).

Ainda no século XII, discutia-se o conflito de sanções em jurisdições concorrentes como relatos da controvérsia entre o rei Henry II e o Arcebispo Thomas Becket (FRIEDLAND, 1969, p. 5). O rei Henry II queria que o clero fosse punido na corte real mesmo depois que o tribunal eclesiástico o punisse. Becket baseou-se na interpretação do texto bíblico "Nahum" de São Jerônimo e declarou que os textos antigos proibiam "dois julgamentos". Ele havia considerado que as repetidas punições violariam a máxima "nemo bis in idipsum", o que significa que nenhum homem deveria ser punido duas vezes pelo mesmo crime (FRIEDLAND, 1969, p. 5).

No direito da "common law", o princípio foi denominado como "Double Jeopardy", que teria como tradução literal "duplo perigo", em clara alusão ao termo latino *non bis in idem* ou *ne bis in idem*. A "*Double jeopardy Clause*" foi incorporada na 5ª Emenda à Constituição dos Estados Unidos, ratificada no ano de 1791 como parte do *Bill of Rights*.

> No person shall be held to answer for a capital, or otherwise infamous crime, unless on a presentment or indictment of a grand jury, except in cases arising in the land or naval forces, or in the militia, when in actual service in time of war or public danger; nor shall any person be subject for the same offense to be twice put in jeopardy of life or limb; nor shall be compelled in any criminal case to be a witness against himself, nor be deprived of life, liberty, or property, without due process of law; nor shall private property be taken for public use, without just compensation. (5ª Emenda à Constituição dos Estados Unidos)

A emenda constitucional estabeleceu que "ninguém poderá ser por duas vezes ameaçado em sua vida ou saúde pelo mesmo crime" (5ª Emenda à Constituição dos Estados Unidos). Trata-se, na verdade, da chamada regra da vedação da dupla punição pelo mesmo crime ou da aplicação do princípio do "*ne bis in idem*". Um dos primeiros casos que envolveram a "*double jeopardy*" no direito norte-americano é o caso *Palko v. Connecticut* (1937). Discutia-se, na ocasião, se a proteção conferida pela 5ª Emenda à Constituição norte-americana, que consagra o princípio do "*ne bis in idem*", se aplicaria aos casos de condenação do réu à pena de morte.

O caso *Palko v. Connecticut* (1937) teve início em 1935, quando *Frank Palko* foi denunciado por roubar uma loja de discos no estado de Connecticut nos EUA. Após a prática do delito, Palko matou 02 (dois) policiais durante a sua fuga. Pouco tempo depois, ele acabou sendo capturado e condenado em sentença de 1ª instância por homicídio qualificado e, por conseguinte, à pena de prisão perpétua. Os promotores públicos ligados ao caso, insatisfeitos com a decisão, apresentaram recurso de apelação e assim conseguiram um novo julgamento. O que se sucedeu no novo julgamento foi que Palko acabou sendo condenado à pena capital. A defesa de Palko então conseguiu levar o caso para análise na Suprema Corte norte-americana invocando a 5ª Emenda à Constituição sob o argumento de que a mesma vedaria que um cidadão americano fosse julgado e, consequentemente, condenado mais de uma vez pelo mesmo crime. A Suprema Corte, ao enfrentar a questão, manteve a condenação de Palko com o argumento de que o princípio analisado, qual seja, o "*ne bis in idem*", não estaria inserido no rol de direitos fundamentais protegidos pela Constituição norte-americana. Palko foi executado em uma cadeira elétrica em 12 de abril de 1938 (PALKO *V.* CONNECTICUT, 1937).

Mais adiante, menos de dez anos depois, o Excelso Tribunal norte-americano foi instado a analisar a aplicação da "*Double jeopardy Clause*". Dessa vez no caso *Louisiana ex rel. Francis v. Resweber* (1947). Em suma, o caso teve início quando Francis foi condenado e sentenciado à pena de morte na cadeira elétrica. Ocorre que, por uma falha do equipamento, o sentenciado sobreviveu à primeira tentativa de execução. Sendo assim, a sua defesa argumentou que uma segunda tentativa de execução representaria uma violação ao "*ne bis in idem*", ou seja, o princípio de que ninguém poderia ser condenado mais de uma vez pela prática do mesmo crime.

A decisão da Suprema Corte estabeleceu que a execução da pena foi frustrada por uma falha técnica, sem qualquer intenção dolosa do Estado. Dessa forma, a Suprema Corte decidiu que Francis não estava sendo julgado novamente e que, por isso, não se aplicaria ao caso o princípio do "*ne bis in idem*" ou "*Double jeopardy rule*". Dessa maneira, o Estado de Lousiana teve permissão para realizar outra tentativa para a execução de Francis, dessa vez com sucesso (LOUISIANA EX REL. FRANCIS *V*. RESWEBER 1947).

Mais uma vez, em 1959, a Suprema Corte precisou se posicionar sobre a aplicação do princípio aqui debatido. Dessa vez o caso analisado foi *Bartkus v. Illinois* (1959). Este novo precedente em que se discutiu se a "*Double jeopardy clause*" prevista na 5ª Emenda à Constituição dos Estados Unidos tinha sido incorporada pela 14ª Emenda à Constituição americana. Isto é, questionava-se se a cláusula da vedação do "*bis in idem*" se estenderia também aos estados da federação. Em decisão de mérito, a Suprema Corte decidiu, por maioria, que a 14ª Emenda não impunha aos estados a proteção contra a "*Double jeopardy*" prevista na 5ª emenda (*BARTKUS V. ILLINOIS*, 1959).

Este entendimento perdurou na Suprema Corte por toda uma década até ser revertido no julgamento do caso *Benton v. Maryland* (1969). No caso, firmou-se o precedente de que a "Double jeopardy" era proibida nos Estados Unidos desde a publicação da 5ª Emenda à Constituição Federal. Dessa forma, modificou-se o entendimento anterior do caso *Bartkus v. Illinois,* determinando então a Suprema Corte que a 14ª Emenda à Constituição dos Estados Unidos estendeu aos estados da federação a proibição do "*bis in idem*", que anteriormente somente era aplicada em âmbito federal (*BENTON V. MARYLAND*, 1969).

Outra vez, já ao fim da década de 1980, chegou à Suprema Corte Americana um caso que evocava a cláusula do "*ne bis in idem*" ou "*double jeopardy*". Tratava-se de um caso denominado *United States v. Halper* (1988), que teve início quando Irwin Halper, gerente de uma empresa prestadora de serviços médicos, foi condenado criminalmente por ter apresentado, de forma fraudulenta, 65 (sessenta e cinco) guias falsas de convênio médico. Ele foi condenado a 02 anos de prisão e ao pagamento de uma multa de US$5.000 (cinco mil) dólares. Posteriormente, o governo americano ajuizou nova demanda em juízo na qual se exigia, com base em uma lei administrativa denominada *False Claims Act*, o pagamento da quantia de US$2.000 (dois mil) dólares para cada guia apresentada de forma fraudulenta, o que atingiria um valor sancionatório de aproximadamente US$130.000 (cento e trinta mil) dólares. O tribunal distrital do estado então negou a nova sanção sobre o fundamento de infração ao "*double jeopardy*" (*UNITED STATES V. HALPER* 1988).

Quando o caso chegou ao conhecimento da Suprema Corte dos Estados Unidos, discutia-se se a penalidade da lei civil, que era bem superior ao prejuízo de US$500 (quinhentos) dólares causados pelas guias falsificadas, não representaria uma dupla punição ao condenado, o que então, pelos precedentes da Corte, seria vedado pela "*Double jeopardy Clause*". No mérito, o Excelso Tribunal norte-americano decidiu, de forma unânime, que uma sanção civil, bem como penal, pode constituir punição. Quando a sanção, conforme aplicada ao caso individual, servisse ao objetivo claro de punir e não apenas de caráter de recompor prejuízos, essa ofenderia o princípio da "*Double jeopardy Clause*" prevista na 5ª Emenda à Constituição Federal (*UNITED STATES V. HALPER*, 1988).

Em nosso recorte metodológico, o caso *United States v. Halper* demonstra de forma precisa o posicionamento do judiciário norte-americano no julgamento de demandas que envolvam processos concomitantes de execução criminal, civil ou administrativa contra as mesmas partes pela mesma violação.

> The rule is one of reason: Where a defendant previously has sustained a criminal penalty and the civil penalty sought in the subsequent proceeding bears no rational relation to the goal of compensating the Government for its loss, but rather appears to qualify as 'punishment' in the plain meaning of the word, then the defendant is entitled to an accounting of the Government's damages and costs to determine if the penalty sought in fact constitutes a second punishment. (UNITED STATES *V*. HALPER, 1988)

Apesar de a decisão ter claramente afastado a imposição de dupla sanção administrativa e criminal, a mesma acabou deixando uma lacuna de compreensão subjetiva. A Suprema Corte Americana estabeleceu que sua decisão somente se aplicaria em casos raros, em que o ofensor fosse de "pequeno porte" e a penalidade de multa fosse uma "sanção desproporcional aos danos que o ofensor causou". Conforme abaixo:

> Rare case, the case such as the one before us, where a fixed-penalty provision subjects a prolific, but small-gauge offender to a sanction overwhelmingly disproportionate to the damages he has caused. (UNITED STATES *V.* HALPER, 1988)

No caso *United States v. Halper*, a sanção civil foi subsequente à sanção criminal. É axiomático que uma sanção criminal sempre envolverá um propósito punitivo. O que fica claro na análise do caso é que o precedente *Halper* estabelece que, para se evitar casos de "double jeopardy", o tribunal deverá passar pela análise do "rough justice test", que exigiria determinar se uma sanção civil ou administrativa vai além do objetivo de compensar o governo por seus custos no processo ou se estas assumiriam a qualidade da punição (*UNITED STATES V. HALPER*, 1988, p. 490).

Em nosso entendimento, nos deparamos aqui com uma decisão que estabeleceu o afastamento da sanção dupla em ações que se movem em paralelo, invocando, para tanto, a "Double jeopardy clause", mas que acabou adotando critérios subjetivos para definir o que seria um ofensor de pequeno porte ou sanção desproporcional.

Vários casos encontraram dificuldades de se aplicar as regras do "rought justice test" do precedente *Halper* para determinar se uma sanção civil teria ou não caráter punitivo, fazendo com que deva se aplicar a regra do "double jeopardy clause". Podemos citar alguns casos que se depararam com essa dificuldade de interpretação subjetiva, tais como *United States v. Hall (1990), United States v. Sanchez-Escareno (1991)* e *United States v. WRW Corp (1993).*

Ainda na tentativa de solucionar a questão, a Suprema Corte norte-americana continuou a expandir a proteção sobre a "*double jeopardy*" no caso *Austin v. United States* (1993). O caso buscava elucidar se o confisco legal praticado pelo governo sobre uma propriedade que teria sido utilizada para fins de produção de substâncias ilícitas teria caráter ressarcitório ou apenas punitivo.

> The notion of punishment, as we commonly understand it, cuts across the division between the civil and the criminal law .... A civil sanction that cannot fairly be said solely to serve a remedial purpose, but rather can only be explained as also serving either retributive or deterrent purposes, is punishment, as we have come to understand the term. (AUSTIN *V*. UNITED STATES, 1993)

O Tribunal da cidade de Austin definiu que a ação de confisco não serviria apenas como forma de ressarcir eventuais prejuízos ao Estado, mas também como punição.

Analisados em conjunto, os precedentes dos casos *Halper* e *Austin* trazem consigo uma análise dos estatutos de sanção civil sob um novo prisma. Os tribunais norte-americanos passaram agora a vasculhar qual o propósito da ação civil e até que ponto ela é planejada como punição ou puramente um reembolso de despesas ao governo. Uma vez que uma sanção penal será sempre vista como punitiva, a questão real nos processos paralelos é analisar se a natureza da penalidade imposta na ação civil guarda relação com a própria natureza da ação civil, ou se esta se soma ao já caráter punitivo da sanção penal.

2.4.1 O *bis in idem* ou *double jeopardy* na legislação anticorrupção americana – FCPA

Ao tratarmos especificamente das vedações das sanções duplas no FCPA é importante entender que, quando tratamos da cumulação entre sanções criminais e cíveis, esta compreensão também é estendida aos regulamentos administrativos.

O autor Patrick Nolan esclarece que essas sanções civis consistem em ferramentas coercitivas usadas pelo Estado contra acusados ou contra seu patrimônio, a fim de compeli-los a obedecer a lei ou regulamentos administrativos. Esclarecido este ponto, as sanções civis assemelham-se às sanções administrativas em nosso sistema (NOLAN, 1997, p. 1081).

As sanções e penalidades que poderiam ter suscitadas a "*double jeopardy clause*" estão presentes no US Code, título

15, sobre comércio e negociação, nos artigos destacados neste trabalho no item 2.2.4. O que ocorre na prática é que os casos que estariam sujeitos às penalidades dispostas no FPCA dificilmente ultrapassam a esfera administrativa do DOJ ou da SEC. Apesar das contundentes manifestações judiciais sobre ilícitos que poderiam ser duplamente sancionados, afetando a vedação da "*double jeopardy clause*", discordamos de certo modo da compreensão da professora Cristiana Fortini, que destaca que o motivo pela baixa revisão judicial dessas ofensas tenha a ver com um grande prestígio das agências administrativas (FORTINI, 2015, p. 2).

Em nosso entendimento, o prestígio das agências administrativas não seria o fato preponderante pela baixa revisão judicial norte-americana. Em nosso juízo, em uma breve análise de riscos da cominação das penas, tais como milhares de dólares, ou penas altíssimas de prisão, como as descritas no *15 U.S. Code § 78ff*, e diferentemente da lei anticorrupção brasileira como demonstraremos oportunamente, o FCPA permite que o denunciado, por meio de acordos de não persecução penal ou de leniência, ao assumir sua culpa, negocie os valores de multas a serem pagos, interrompendo a aplicação de sanções ainda mais gravosas, como multas milionárias e até mesmo a pena de prisão. Não é nossa pretensão adentrarmos nas condições procedimentais desses acordos. No entanto, fica claro pelo resultado prático, qual seja, inexistência de processos judiciais, que esses acordos são eficientes, seja pelo medo da pena, ou por simples estratagema processual do investigado.

2.5 Conclusão parcial

Por todo o exposto, sem ter a menor pretensão de se esgotar o tema, observa-se que a "*Double jeopardy Clause*", incorporada há mais de dois séculos na Constituição norte-americana na 5ª Emenda, passou por dezenas de apreciações da Suprema Corte dos Estados Unidos, que celebrou um alargamento do âmbito de incidência do "*double jeopardy*" (COSTA, 2013, p. 208). Para que a cumulação entre as sanções civis ou administrativas e as sanções penais previstas no FCPA não esteja limitada ao regramento constitucional do "double jeopardy", estas não poderiam ter o condão punitivista, o qual já seria exercido por meio da sanção penal. O procedente *United States v. Halper* demonstra claramente, como já explicado, que para se evitar casos de "double jeopardy", o tribunal deverá passar pela análise do "rough justice test". Nesse teste, a autoridade judicial deveria distinguir o caráter exclusivamente ressarcitório ou punitivo das sanções cominadas em análise. Se uma sanção civil ou administrativa estivesse buscando, além de compensar o governo por seus prejuízos ou custos do processo, punir o investigado, essas não poderiam ser cumuladas. Sendo assim, apesar de o FCPA descrever, em vários dispositivos, a possiblidade de ocorrência de duplas sanções, estas estariam limitadas à análise do caso concreto à luz do princípio aqui estudado, o *non bis in idem*.

3

RESPONSABILIZAÇÃO NA LEGISLAÇÃO ESPANHOLA: UMA ANÁLISE DO PRINCÍPIO DO *NE BIS IN IDEM*

Tendo em vista que o Brasil adota um sistema jurídico de *civil law*, para melhor avaliarmos a compreensão da aplicação do princípio garantido do *ne bis in idem* na ótima do sistema jurídico de *civil law*, buscaremos analisar a legislação de combate à corrupção do Estado espanhol. Para ampliar o acesso ao material para a pesquisa deste capítulo, passamos alguns meses *in loco*, na *Universidad Castilla La-Mancha* no início de 2019, a fim de compreender melhor o posicionamento da doutrina e interpretação da jurisprudência sobre os preceitos que aqui exporemos.

A Espanha, segundo a Transparência Internacional, é o 20º país entre os 28 estados membros da União Europeia, estando atrás de países como Letônia, Chipre e República Tcheca, muito menos expressivos economicamente. Além do mais, sua pontuação no índice de percepção da corrupção em 2018 é de 58 pontos, estando bem abaixo dos

75 pontos considerados como democracia "completa" pela agência (EL PAÍS, 2019, p. 1). Apesar de, ainda assim, o resultado espanhol no último ano estar consideravelmente melhor do que o brasileiro, que foi de 35 pontos, o sistema do ordenamento jurídico, por suas semelhanças estruturais, deve ser analisado.

Sendo assim, passaremos por uma abordagem histórica dos momentos que justificaram a expedição da norma. Em seguida, faremos uma análise das legislações vigentes e projetos de legislação sobre o tema; dos órgãos competentes para processá-las; além das sanções cabíveis na legislação penal vigente. Após a análise normativa, passaremos a debater o conflito de instâncias e suas sanções conflitantes.

Considerando a grande possibilidade de sobreposição sancionatória normativa com relação ao fenômeno da corrupção espanhola, haja visto a extensa legislação penal e administrativa que trata do tema, cumpre-nos analisar, ao final, a aplicação do princípio do *ne bis in idem* na legislação espanhol.

3.1 Histórico do combate à corrupção na Espanha

Na Espanha, os estudos da corrupção política e administrativa têm uma longa história. A corrupção tem sido parte do sistema de forma persistente no último século e meio (PRESTON, 2016, p. XIII). Segundo o *Corruption Report* (2014), 95% dos espanhóis tinham a sensação de viver em um contexto de corrupção generalizada, estando atrás apenas da Itália (97%) e da Grécia (99%). A corrupção é a segunda maior preocupação dos espanhóis, segundo o Centro de Investigações Sociológicas, depois do desemprego (CIS, 2019, p. 1).

Entretanto, segundo Jesús Liszcano (2014), presidente na época da TI-Espanha, a Espanha não seria mais corrupta em 2014 do que no fim do século XX, o que mudou foi a sensação de descontrole. Segundo ele, o problema da corrupção estaria ligado ao excesso de controle dos partidos sobre as instituições espanholas que controlam tanto o poder executivo quando o legislativo, originando o que ele chama de "partidocracia". Como dito, mesmo sendo a corrupção o segundo maior problema identificado pelos cidadãos espanhóis, o tema sequer foi mencionado no debate que antecedeu as eleições europeias daquele ano, conforme narrado por Jesús Lizcano (O GLOBO, 2014, p. 2).

A Transparência Internacional, importante órgão de pesquisa no combate à corrupção, o qual explicamos no item 2.4, desde o início da década de 1990 se dedica a organizar dados em escala global. A TI-Espanha foi fundada somente em 2006 e, entre outras coisas, assumiu o compromisso de promover a abertura informativa das instituições públicas espanholas. Como dito, o problema espanhol não é novo e, de fato, ao analisar os índices da TI, o retrocesso mais importante ocorreu nos últimos seis anos (TI INDEX, 2019, p. 1).

Entre os anos de 2012 e 2018, a classificação da Espanha no índice da TI caiu sete pontos. É o país (depois da Hungria e empatado com o Chipre) que caiu mais na Europa nos últimos anos. Diferentemente de Jesús Lizano, apenas cinco anos depois, Jesus Sanchez Lambas, diretor membro do comitê da Transparência Internacional, no relatório em Madrid destaca que "La situación de España es dramática, el deterioro no se corresponde con una evolución sana y democrática del país" (EL PAÍS, 2019, p. 2) demonstrando, assim, um agravamento ano após ano do problema da corrupção na Espanha.

Com relação à judicialização da persecução contra a corrupção, segundo dados do *Consejo General del Poder Judicial (CGPJ)*, somente no ano de 2013 foram registrados 1.661 processos abertos nos diferentes órgãos judiciais espanhóis para crimes relacionados à corrupção em relação às Administrações Públicas, que incluem tipos criminosos como revelação de segredos, suborno, tráfico de influência, peculato, negociações proibidas a funcionários públicos, lavagem de dinheiro, apropriação indébita e fraude (CGPJ, 2013, p. 1). Na região de Castilla-La Mancha, de 2010 a 2014, houve uma média de 131 processos judiciais envolvendo delitos de prevaricação administrativa e delitos de corrupção (TOLEDO, 2015, p. 1).

O custo social com a corrupção na Espanha anualmente chega a 90 bilhões de euros, o quarto maior prejuízo na União Europeia, equivalente a quase 8% de seu Produto Interno Bruto, estando atrás apenas da Itália, França e Alemanha, segundo estudo do grupo político Greens European Free Aliance (GREENS/EFA), ligados ao

Parlamento Europeu (GREENS/EFA, 2019, p. 53). Sabemos que GREENS/EFA trata-se de um grupo com ideologias políticas, mas, pelo impacto do estudo, entendemos ser importante considerá-lo.

Na mesma compreensão da "partidocracia" espanhola de Jesús Liszcano, para tentar explicar a relação institucional da corrupção, Luis Moreno (2017) constrói uma tese de que as administrações públicas espanholas têm desenhos institucionais doentes e, com elas, uma cultura política e administrativa que permite, e até encoraja, o fenômeno da corrupção. Os projetos institucionais espanhóis e a cultura política e administrativa são os indutores da corrupção (MORENO, 2017, p. 153).

Ainda nesse entendimento de a corrupção guardar estrita relação com a política, Villoria (2012, p. 110) explica que a corrupção pública na Espanha não seria uma corrupção administrativa, mas sim uma corrupção política, a qual se desenvolveu principalmente no nível local do governo e foi ligada ao *boom* da construção.

> La corrupción pública en España no es una corrupción administrativa, sino corrupción política, que se ha desarrollado ante todo en el nivel local de gobierno y ha estado vinculada al boom de la construcción. (VILLORIA; JIMÉNEZ, 2012, p. 110)

Ao analisar os dados do CIS, o poder legislativo espanhol, por meio do *Congresso de los Diputados,* reafirma em 2016 ser a corrupção a segunda maior preocupação dos espanhóis, atrás apenas do desemprego. Segundo o

Congresso Espanhol, desde a promulgação da *Constituición Española* em 1978, cerca de duzentos casos de corrupção foram descobertos, e estes números continuam a aumentar (CONGRESSO DE LOS DIPUTADOS, 2016, p. 2). Observa-se que, mesmo tendo diminuído consideravelmente a quantidade de casos relevados pelo CGPJ, o poder legislativo passa a reconhecer formalmente o agravamento do problema.

O entendimento consubstanciado pelos autores da teoria da corrupção como degradação da economia, citado no item 2.2 deste trabalho, passa então a ser o mesmo do Congresso Espanhol. Sendo assim, entendida a corrupção como movimento de degradação da economia, o Estado espanhol vem buscando, mesmo que tardiamente, em comparação com outros Estados membros da União Europeia, meios constantes de combatê-la (RODRÍGUEZ, 2018, p. 14).

Identificamos, em nossa pesquisa, métodos legislativos escolhidos pelo Estado espanhol no combate à corrupção tanto de conteúdo sancionatório quanto de transparência, se adequando aos vários acordos e convenções assinados nas últimas duas décadas, como será melhor explicado à frente. A produção legislativa de responsabilização, como as leis que alteraram o Código Penal espanhol em 2010, introduziram a responsabilidade penal das pessoas jurídicas por meio da *Ley Orgánica*, 5/2010, e acabaram tendo seu alcance melhor delimitado em 2015 com a *Ley Orgánica*

1/2015, conforme destacamos de sua exposição de motivos (RODRÍGUEZ, 2018, p. 93):

> La reforma lleva a cabo una mejora técnica en la regulación de la responsabilidad penal de las personas jurídicas, introducida en nuestro ordenamiento jurídico por la Ley Orgánica 5/2010, de 22 de junio, con la finalidad de delimitar adecuadamente el contenido del «debido control», cuyo quebrantamiento permite fundamentar su responsabilidad penal. (LEY ORGÁNICA 1/2015)

Quanto aos métodos legislativos que buscaram maior transparência das informações públicas, destacamos a Lei 19/2013, *Ley de Transparencia, Acesso a La Información Pública y Buen Gobierno* (LTAIBG) (RODRÍGUEZ, 2018, p. 93). Importante destacar que o direito de acesso à informações públicas já estava previsto na *Constitución de la España* desde 1978, sendo que a Carta Magna espanhola dispunha que tal acesso seria determinado por lei específica, o que só ocorreu de forma efetiva 35 anos depois na LTAIBG (RODRÍGUEZ, 2018, p. 14).

> «Artículo 105 b) CE. La Ley regulará ... El acceso de los ciudadanos a los archivos y registros administrativos, salvo en lo que afecte a la seguridad y defensa del Estado, la averiguación de los delitos y la intimidad de las personas». (CONSTITUCIÓN DE LA ESPAÑA, 1978)

Sendo assim, apesar de moroso, o processo de efetivação dos procedimentos de transparência pode evitar atos de corrupção. Importante destacar que a lei ainda não adota mecanismos adequados ao relatório de 3 de fevereiro de 2014 da Comissão ao Conselho e ao Parlamento Europeu sobre a luta contra a corrupção na União Europeia, que salienta a necessidade de adoção de mecanismos adequados de denúncia, os quais codifiquem os processos nas administrações públicas e abram os canais oficiais, comunicando o que é percebido como irregularidades ou, até mesmo, atos ilegais podem contribuir para resolver os problemas de detecção inerentes à corrupção.

De mãos dadas com este primeiro objetivo de transparência, alcançamos uma melhor responsabilização porque, se permitirmos que os cidadãos saibam o que seu governo faz, ele será forçado a agir mais diretamente. Com efeito, uma maior transparência implica uma maior exigência de exemplaridade e responsabilização perante os cidadãos e, desta forma, o segundo princípio perseguido por esta lei é reforçado: o de incentivar a responsabilidade dos nossos políticos e funcionários públicos.

Finalmente, o terceiro objetivo do regulamento é ter melhores controles, a fim de limitar a discrição dos políticos e altos funcionários para fazer nomeações e contratos no setor público. Com a introdução de melhores controles, teremos uma Administração Pública mais independente, mais competitiva e, portanto, mais eficiente. E, em última análise, a combinação dos três princípios que regem o conjunto de medidas desta Lei nos colocará no caminho certo para acabar com a corrupção.

3.2 Legislações de responsabilização dos delitos contra a Administração Pública espanhola

O quadro legal espanhol para o combate à corrupção está contemplado em várias legislações relacionadas com a Administração Estatal, as Comunidades Autônomas e as administrações locais, mas fundamentalmente este é enquadrado no Código Penal. O processo legislativo efetivo contra a corrupção se solidifica em 1996, quando a preocupação com os efeitos nocivos crescentes da corrupção também na arena internacional levou ao início de acordos de ação conjunta nessa área. A comunidade internacional manifestou interesse em elaborar um acordo verdadeiramente global capaz de prevenir e combater a corrupção em todas as suas formas. Os primeiros acordos internacionais em relação às sanções à corrupção ratificados pela Espanha foram a Convenção da OCDE sobre o suborno a funcionários públicos estrangeiros, ratificada em 17 de dezembro de 1997; a Convenção Penal sobre a Corrupção número 173 do Conselho da Europa de 1999; e a Convenção das Nações Unidas contra o Crime Organizado Internacional de 2000 (CERRILLO, 2011, p. 284).

Ainda neste propósito legislativo, a comunidade internacional manifestou interesse em elaborar um acordo verdadeiramente global capaz de prevenir e combater a corrupção em todas as suas formas. Assim, a Convenção das Nações Unidas contra a corrupção foi assinada pela Espanha em 16 de setembro de 2005 e ratificada pela mesma em 09 de junho de 2006, como publicado no *Boletín Oficial del Estado* (ONU, 2013, p. 1).

Com relação às sanções aos delitos relacionados à corrupção, a Espanha ratificou a Convenção da OCDE, sobre o suborno a funcionários públicos estrangeiros de 1997; o Convênio Penal sobre a Corrupção; Convênio número 173 do Conselho da Europa de 1999; e a Convenção das Nações Unidas contra o Crime Organizado Internacional de 2000 (CERRILLO, 2011, p. 284). O Código Penal espanhol incorporou vários sistemas internacionais ao seu conteúdo (CERRILLO, 2011, p. 284) e é o principal instrumento de combate à corrupção na Espanha. De acordo com Roberto Gómez Mayor a regulação penal específica de "Crimes contra a Administração Pública" está contida no título XIX do Livro II do Código Penal, aprovado pela Lei Orgânica n. 10 de 23 de novembro de 1995 (MAYOR, 2015, p. 4). Também encontramos medidas punitivas no Título X do Código Penal criminalizando a prevaricação, violação de segredos, *insider trading*, suborno, tráfico de influências, fraude e extorsão, negociações proibidas a funcionários públicos ou abuso em exercício de funções oficiais (CERRILLO, 2011, p. 284).

Podemos também citar a tipificação dos *delitos de corrupción en los negócios*, dispostos no Título XIII, Capítulo XI, Seção 4ª, introduzidos pela Ley Orgánica 5/2010, a fim de dar cumprimento a obrigações internacionais definidas pelo Estado espanhol já previamente citadas.

Várias inserções e modificações foram realizadas nos artigos do título XIX nos últimos anos. Do artigo 404 ao artigo 445 do referido texto legal, podemos citar algumas modificações como a LO 15/2003 e a LO 5/2010, embora, indubitavelmente, uma das mais importantes e profundas reformas seja a que ocorreu com a recente Lei Orgânica 1/2015. A Lei de 2015 alterou a LO 10/1995 que, como explicamos no item anterior, delimitou de forma mais técnica a responsabilização, eliminando as dúvidas interpretativas que haviam sido levantadas pelo regulamento antecedente, o qual em alguns setores havia sido interpretado como regime de responsabilidade vicária (LEY ORGÁNICA 1/2015).

De acordo com Roberto Gómez Mayor, o novo regulamento de crimes de corrupção contra a administração pública merece uma avaliação globalmente positiva, porque, por um lado, o aumento generalizado em penalidades permitia equilibrar e ajustar a gravidade de tal conduta criminosa às penalidades impostas. Além disso, ao dispor que a liberdade condicional está ligada a uma compensação pelas obrigações pecuniárias ou a reparar o dano econômico causado, permitirá não só compensação financeira para a Administração Pública, mas também conterá a sensação de "impunidade" sentida por grande parte da sociedade (MAYOR, 2015, p. 16).

O que fica claro é que o legislador espanhol buscou, de forma positiva, tipificar condutas que pudessem alcançar o maior número de ilícitos possíveis relacionados à corrupção. Há um nítido "endurecimento" do legislador espanhol com relação às chamadas práticas corruptas. Neste processo de endurecimento legislativo é que o legislador, em 2016, apresentou oficialmente sua *Ley Integral De Lucha Contra La Corrupción Y Protección De Los Denunciantes,* que falaremos em seguida.

3.2.1 Projeto de lei anticorrupção espanhola – *Ley Integral de Lucha Contra la Corrupción y Protección de los Denunciantes*

Apesar do título do projeto de lei, a legislação a ser analisada não se propôs a concentrar todo o regramento no combate à corrupção, como já dito no item anterior, que se estende também por outras legislações específicas e principalmente pelo Código Penal espanhol. No entanto, por ser uma legislação extensa e específica sobre o tema, é importante a compreendermos de forma mais apropriada.

Na continuidade das proposições legislativas, o *Congresso de los Diputados*, órgão constitucional legislativo que representa o povo espanhol, apresentou em 15 de setembro de 2016 um projeto de lei visando também o combate a corrupção. Este projeto, denominado *Proposición De Ley Integral De Lucha Contra La Corrupción Y Protección De Los Denunciantes*, veio adequar-se ao relatório de 3 de fevereiro de 2014 da Comissão ao Conselho e Parlamento Europeu sobre a luta contra a corrupção na União Europeia. O relatório, na época, salientou a necessidade de adoção de mecanismos adequados de denúncia, codificação dos processos nas administrações públicas e abertura de canais oficiais para comunicação de irregularidades e atos ilegais (CONGRESSO DE LOS DIPUTADOR, 2016, p. 1).

O projeto foi publicado oficialmente no *Boletín Oficial de las Cortes Generales*, em 20 de setembro de 2019. Em sua exposição de motivos, a legislação anticorrupção espanhola declara que a corrupção dificultaria a concorrência, afetaria a competitividade da economia e iria contra o fundamento de todo o Estado de Direito, o qual reside no princípio da legitimidade democrática, sendo que essa legitimidade só pode ser concedida ou retirada pelo povo, o que, de acordo com a Constituição Espanhola, emanaria todos os poderes do Estado.

Como se segue:

> La corrupción es un problema que urge abordar y atajar. Urge porque ya se han descubierto cerca de 200 tramas corruptas desde 1978, y la cifra va en aumento. Urge porque la corrupción también pone trabas a la competencia, lastrando la competitividad de nuestra economía. Y urge, sobre todo, porque el fundamento de todo Estado de derecho reside en el principio de legitimidad democrática, y esta legitimidad solo puede otorgarla o retirarla el pueblo, del cual, según nuestra Constitución, emanan todos los poderes del Estado. (BOLETÍN OFICIAL DE LAS CORTES GENERALES, 2016, p. 2)

O projeto de lei prossegue narrando que um dos pilares fundamentais para o combate à corrupção é a implementação de políticas efetivas que promovam a participação da sociedade e fortaleçam os princípios do Estado de Direito, como integridade, transparência e responsabilidade, entre outros (CONGRESSO DE LOS DIPUTADOS, 2016, p. 2).

O propósito desta Lei, portanto, delineia três objetivos principais. O primeiro objetivo, qual seja, a ampliação da transparência, traria maior responsabilidade financeira dos agentes públicos ao permitir que os cidadãos saibam o que seu governo faz. Já o segundo objetivo que a lei delimita seria o de incentivar a responsabilidade dos políticos e funcionários públicos. Finalmente, o terceiro objetivo do regulamento é ter melhores controles, a fim de limitar a discricionariedade dos políticos e altos funcionários para fazer nomeações e contratos no setor público. Esses três objetivos somados, segundo a exposição de motivos da lei, traduzir-se-ia em maior controle do cidadão, permitindo uma Administração Pública mais independente, mais competitiva e, portanto, mais eficiente (CONGRESSO DE LOS DIPUTADOS, 2016, p. 3).

O projeto de lei fora proposto em uma estrutura de 25 artigos, agrupados em dois títulos. O primeiro título define, de forma preliminar, o propósito da Lei e seus princípios orientadores, a fim de estabelecer um quadro global para prevenir, reagir e punir a corrupção, objetivando assim acabar com a impunidade para o agente corrupto e proteger aqueles que o denunciam em prol do interesse geral (CONGRESSO DE LOS DIPUTADOS, 2016, p. 3).

O Título I ainda definiu a condição básica dos denunciantes e estabeleceu os direitos de confidencialidade que eles têm ao abrigo desta lei. Além da confidencialidade, a partir do momento em que os denunciantes revelam informações perante qualquer autoridade administrativa ou judicial, a Lei lhes garantirá direito a receber informações sobre a situação administrativa de sua queixa e assessoria jurídica em relação a ela. O projeto de lei também estipulou indenizações em seu trabalho por eventuais danos que os denunciantes possam sofrer como consequência direta de sua queixa.

> Artículo 4. Derecho de los denunciantes.
>
> Los denunciantes, desde el momento en que presentan su denuncia ante cualquier superior jerárquico, autoridad administrativa o judicial, y en particular ante la Autoridad Independiente de Integridad Pública u órgano autonómico competente, gozarán de los siguientes derechos: a) A que las denuncias formuladas sean tramitadas por canales y procedimientos que garanticen la confidencialidad del denunciante, sin perjuicio de lo que dispongan las normas procesales. Todas las personas que intervengan en la tramitación o tengan conocimiento de la denuncia quedarán sometidas a deber de secreto en sus actuaciones. En ningún caso se considerará que los denunciantes incumplen con su deber de sigilo en el ejercicio de sus funciones.
>
> b) A recibir información acerca de la situación administrativa de su denuncia y notificación sobre los trámites realizados y sobre las resoluciones acordadas respecto de la misma.
>
> c) A que la denuncia que presente finalice mediante resolución expresa y motivada en los

> términos y plazos previstos en la presente Ley. d) A la asesoría legal gratuita en relación con la denuncia presentada.
>
> e) A la indemnidad laboral, sin que pueda sufrir ningún género de perjuicio o menoscabo en su estatuto personal y carrera profesional como consecuencia de la denuncia presentada. Se considerarán nulos de pleno derecho los acuerdos, resoluciones y decisiones que atenten contra la indemnidad laboral del denunciante, salvo que la autoridad o superior jerárquico que los hubiese emitido demuestre que no tienen relación ni traen causa alguna de la denuncia presentada.
>
> f) A la indemnización por daños y perjuicios derivada de la responsabilidad patrimonial de la Administración Pública cuando acredite la existencia de un daño individualizado y determinado económicamente consecuencia directa de la denuncia, en los términos previstos en la Ley 39/2015, de 1 de octubre, de Procedimiento Administrativo Común de las Administraciones Públicas. (CONGRESSO DE LOS DIPUTADOS, 2016, p.7)

O Título II teve por objeto a criação da Autoridade Independente de Integridade Pública (AIIP), dotada de total independência orgânica e funcional e encarregada do controle e fiscalização do cumprimento por parte das autoridades do setor público estatal, estipulando suas obrigações em matéria de conflitos de interesses, regime de incompatibilidades e boa governança. A proteção dos direitos reconhecidos ao denunciante foi confiada à AIIP, que teria poderes para adotar as medidas de proteção preventivas consideradas necessárias para garantir a proteção dos direitos reconhecidos ao denunciante (CONGRESSO DE LOS DIPUTADOS, 2016, p. 4). O projeto de lei ainda inseriu cinco disposições adicionais, duas disposições transitórias, uma disposição derrogatória e doze disposições finais, que não serão abordadas aqui para não fugirmos ao nosso recorte específico (CONGRESSO DE LOS DIPUTADOS, 2016, p. 3).

Segundo a Transparência Internacional-Espanha, o projeto de lei passou por longo período de escrutinação parlamentar, com aproximadamente 387 emendas (LIZCANO, 2018, p. 1). Mesmo após tantas emendas parlamentares, o projeto ainda conserva problemas significativos. A autora Silvina Bacigalupo (2018), atual presidente da TI-Espanha, destacou um equívoco na redação do título estabelecido no projeto de lei. Segundo a autora, o projeto se equivocou por não ter inserido ao título a palavra "prevenção" ao invés do termo "luta contra corrupção", o que não permitiria o aprofundamento com relação às causas.

> Preferiría una propuesta de ley que llevara en el título la palabra prevención y se centrara en eso. Así podríamos tener un diagnóstico más amplio y profundizar en las causas de la corrupción. (BACIGALUPO, 2018, p. 1)

Essa interpretação também é a nossa, no sentido de que a corrupção somente é mitigada se compreendida na "fonte", tendo obstaculizadas suas causas, e não no agravamento de sanções do ilícito já perpetuado. Tendo ocorrido o ilícito, o Estado assume novo custo da persecução penal e administrativa, além de rebaixar-se em índices de percepção da corrupção, o que macula o processo democrático e desencoraja o mercado internacional. A autora Silvina Bacigalupo também revela que o projeto de lei trouxe sobreposições sobre legislações já existentes, o que impediria que a mesma alcançasse todas suas expectativas (BACIGALUPO, 2018, p. 1). Em termos sancionatórios, com relação ao nosso recorte metodológico de análise do *non bis in idem*, este seria um problema sensível.

Já com relação à parte estrutural do projeto de lei, em sua atual redação, identificamos ainda um problema que atinge a proteção dos denunciantes declarada na exposição de motivos. A redação estabelecida não protegeria o cidadão denunciante que não compõe o funcionalismo público, ou seja, o cidadão comum.

Como dito, o projeto de lei, fundamentalmente, busca garantir a proteção dos denunciantes, como disposto em seu artigo 4º. Ocorre que o projeto de lei, ao estender esta proteção apenas aos funcionários do serviço público, acabou limitando a força da legislação ao nosso entender, deixando sem proteção os cidadãos comuns que desejassem denunciar atividades ilícitas.

> Artículo 3. Consideración como denunciante.
>
> A los efectos de los derechos y medidas de protección establecidas en la presente Ley, se consideran denunciantes los altos cargos, los funcionarios y

> el resto del personal al servicio del sector público que revelen información con apariencia suficiente de veracidad sobre hechos que puedan ser constitutivos de delito o infracción administrativa, en particular delitos contra la Administración Pública o contra la Hacienda Pública, o sobre hechos que puedan dar lugar a responsabilidades por alcance. (CONGRESSO DE LOS DIPUTADOS, 2016, p. 7)

Importante também destacar que o projeto da legislação, quando aprovado, tratará da regulamentação do *lobbie* como a inclusão de um novo título na lei de transparência, qual seja o TÍTULO IV, regulamentando o regime dos lobistas, definindo seu conceito no art. 41, forma de registro no art. 42, seu regime jurídico no art. 43, suas obrigações e direitos no art. 44, código de conduta no art. 45, e por fim medidas contra seu descumprimento no art. 46 (CONGRESSO DE LOS DIPUTADOS, 2016, p. 25-26).

Entendemos que todo o arcabouço legislativo já vigente no Estado espanhol não resulta em uma eficiência com relação a melhora, o que resta é pouca ou nenhuma evolução dos últimos anos no Indice da Percepção da Corrupção da Transparênci Internacional. Além dos problemas já citados, entendemos que o combate continua sendo ao resultado e não à causa, o que só poderia ser mitigado, por exemplo, com a regulamentação da atividade dos lobistas espanhóis, delimitando responsabilidades, deveres e direitos.

3.2.2 Órgãos responsáveis pelo cumprimento legal contra a corrupção – Desenho institucional

O desenho institucional para o combate à corrupção na Espanha é estabelecido no âmbito dos poderes do Poder Legislativo e do Judiciário. Vinculado ao Poder Legislativo, existe o *Tribunal de Cuentas*, definido como órgão responsável por supervisionar as contas e a gestão econômica do Estado e do setor público. Já com relação ao Poder Judiciário, o *Ministerio Fiscal*, também denominado *Fiscalía*, é o órgão constitucionalmente estabelecido para que sua ação se promova ao cumprimento da lei que determina sua intervenção. Na organização do *Ministerio Fiscal* existem várias *Fiscalías* (gabinetes de procuradoria especializados), entre os quais dois se destacam: o *Fiscalía Antidroga*; e o *Fiscalía* contra a Corrupção e o Crime Organizado, este último encarregado de combater a corrupção e que, portanto, nos interessa. No que tange à efetivação das legislações de transparência ligadas ao combate à corrupção, estas ficam a cargo do já citado *Consejo General del Poder Judicial* (CGPJ). Finalmente, com a provável promulgação da *Ley Integral de Lucha Contra la Corrupción y Protección de los Denunciantes,* será criada uma nova autoridade a fim de proteger os direitos dos denunciantes, chamada de *Autoridad Independiente de la Integridad Pública.* Abordaremos, de forma mais detida, apenas a estrutura dos órgãos já existentes relacionados ao nosso tema, quais sejam o *Tribunal de Cuentas*, o *Ministerio Fiscal* e sua *fiscalía* anticorrupção.

3.2.2.1 Tribunal de Contas como controle parlamentar

O controle parlamentar na Espanha é efetuado pelo Tribunal de Contas do Estado espanhol. A Constituição Espanhola de 1978 e a Lei Orgânica 2/1982 do Tribunal de Contas definem o Tribunal de Contas como o órgão máximo de controle das contas e da gestão econômica do Estado, bem como do setor público, sem prejuízo da sua própria jurisdição, ressalvando as atribuições de supervisão dos Órgãos de Controle Externo (parlamentar) e das Comunidades Autônomas (TRIBUNAL DE CONTAS, 2018, p. 1).

Em resumo, para Fernández (2011), o Tribunal de Contas apresenta, *a priori*, uma tripla finalidade: política, de gestão e patrimonial. A primeira se traduz no apoio à atividade de controle político das *Cortes Generales* sobre a *Cuenta General do Estado*, estabelecida no artigo 136.2 da Constituição espanhola. A segunda finalidade visa verificar a regularidade da gestão do Executivo em relação à legalidade, eficácia e eficiência, de acordo com os mandatos constitucionais *do artigo 9º do Ley Orgánica 12/1982 del Tribunal de Cuentas* espanhol. A terceira é assegurar a integridade da propriedade pública, exigindo a compensação por danos econômicos causados por gerentes públicos por um ato intencional ou negligente (FERNÁNDEZ, 2011, p. 343).

3.2.2.2 Ministerio fiscal: controle interno

De acordo com a consulta de suas informações oficiais, o Ministério Público é um órgão de relevância constitucional e com personalidade jurídica própria e integrada à autonomia funcional do poder Judiciário, ao qual o artigo 124 da Constituição espanhola se refere nos seguintes termos:

> El Ministerio Fiscal, sin perjuicio de las funciones encomendadas a otros órganos, tiene por misión promover la acción de la Justicia en defensa de la legalidad, de los derechos de los ciudadanos y del interés público tutelado por la Ley, de oficio o a petición de los interesados, así como velar por la independencia de los Tribunales y procurar ante ellos la satisfacción del interés social. (MINISTERIO FISCAL, 2018b)

O *Fiscal General* do Estado é nomeado e demitido pelo rei, sob proposta do Governo, após ser ouvido o *Consejo General del Poder*. A escolha deve recair entre juristas espanhóis de reconhecido prestígio e com mais de quinze anos de exercício efetivo de sua profissão. Tem o caráter de autoridade em todo o território espanhol (MINISTERIO FISCAL, 2018, p. 1).

O *Ministerio Fiscal* é um órgão único para todo o Estado e seus membros são a autoridade em todos os aspectos, atuando sempre em nome de toda a Instituição. O Ministério Público exerce as suas funções por meio dos seus próprios órgãos, de acordo com os princípios da unidade de ação e dependência hierárquica e sujeito aos princípios da legalidade e imparcialidade. A regra de base que rege a acusação espanhola é o *Estatuto Orgánico do Ministerio Fiscal*, aprovado pela *Ley Orgánica 50/81* de 30 de dezembro e alterado posteriormente pela *Ley Orgánica* 24/2007, de 9 de outubro, reforçando a sua autonomia e modernizando sua organização territorial. O *Estatuto Orgánico* contém o regulamento básico de funções, a organização, estrutura e princípios, regras de ação, métodos de acesso e perda de *status* como Procurador, bem como os direitos, deveres dos Procuradores e do regime disciplinar (MINISTERIO FISCAL, 2018, p. 1).

3.2.2.3 *Fiscalía contra a corrupção e o crime organizado*

Como explicado no item 3.2.2.2, ligado ao *Ministerio Fiscal* espanhol, existem diversas *fiscalías* especializadas. Importante para nosso tema é a *Fiscalía Anticorrupción,* criada em 1995, durante o governo de Felipe González, por meio da Ley Orgánica 10/95 de 24 de abril (*Ministerio Fiscal*, 2018a: p.1-2). A *Fiscalía Anticorrupción,* cujo nome oficial é *Fiscalía Especial*, integrada ao *Ministerio Fiscal* espanhol e com competência em todo o território da nação, investiga e conhece de todos os processos relativos a delitos econômicos e outros cometidos por funcionários públicos em exercício de seus cargos relacionados com o fenômeno da corrupção (*Ministerio Fiscal*, 2018a: p.1). O artigo 19.4 do *Estatuto Orgánico* do *Ministerio Fiscal* estabelece essa relação aos delitos que se seguem:

> a) Delitos contra la Hacienda Pública, contra la seguridad social y de contrabando; b) Delitos de prevaricación; c) Delitos de abuso o uso indebido de información privilegiada; d) Malversación de caudales públicos; e) Fraudes y exacciones

> ilegales; f) Delitos de tráfico de influencias; g) Delitos de cohecho; h) Negociación prohibida a los funcionarios; i) Defraudaciones; j) Insolvencias punibles; k) Alteración de precios en concursos y subastas públicos; l) Delitos relativos a la propiedad intelectual e industrial, al mercado y a los consumidores; m) Delitos societarios; n) Blanqueo de capitales y conductas afines a la receptación, salvo cuando por su relación con delitos de tráfico de drogas o de terrorismo corresponda conocer de dichas conductas a las otras Fiscalías Especiales; ñ) Delitos de corrupción en transacciones comerciales internacionales; o) Delitos de corrupción en el sector privado; p) Delitos conexos con los anteriores; q) La investigación de todo tipo de negocios jurídicos, transacciones o movimientos de bienes, valores o capitales, flujos económicos o activos patrimoniales. (MINISTERIO FISCAL, 2018a, p. 1-2)

3.2.3 Das penalidades e sanções previstas

Como elucidamos no item 3.2, as sanções contra os delitos conexos ao fenômeno da corrupção foram dispostas concentradamente no Código Penal Espanhol. A Constituição espanhola, no entanto, não vedou a possibilidade de este *ius puniendi* do Estado ser ora exercido pelo poder judicial, ora por autoridades administrativas, desde que estendidas ao direito sancionatório administrativo as garantias penais. O artigo 25 da CE consagra um destes princípios clássicos, o da legalidade, e afirma sua aplicação também para as infrações administrativas.

> Artículo 25 de la Constitución Española:
>
> 1. Nadie puede ser condenado o sancionado por acciones u omisiones que en el momento de producirse no constituyan delito, falta o infracción administrativa, según la legislación vigente en aquel momento. (BOE, 1978, p. 14)

Da mesma forma que a conduta típica penal, o ordenamento jurídico espanhol não considera infração administrativa qualquer descumprimento legal. Ela deve preencher a culpabilidade, ou seja, o agente mediante uma ação ou omissão antijurídica, típica e culpável.

A *Ley Orgánica* 30/1992, de 26 de novembro, sobre o *Régimen Jurídico de las Administraciones Públicas y del Procedimiento Administrativo Común* (LAP), é a lei do Estado espanhol que estabelece as normas gerais mais importantes sobre o regime das administrações públicas na Espanha. Seu Título IX é dedicado ao "*Postestad sancionadora*". O título se divide em dois capítulos: o capítulo I, chamado de "*Principios de la postedad sancionadora*" (artigos 127 a 133) trata dos aspectos materiais da legislação; o capítulo II recebeu o nome "*Princípios del PAS*" (artigos 134 a 138) e tratou dos aspectos formais e procedimentais.

No entanto, a LAP é apenas de princípio lógico, abordando, de forma sucinta, os aspectos gerais mais notáveis. Na LAP não há regras gerais sobre sanções, responsáveis, agravantes, atenuantes, ou tipificação de infrações e penalidades. O que a lei nos traz é apenas um marco legal geral sobre infrações e sanções. São as leis reguladoras de cada setor da atividade administrativa que estabelecerão infrações concretas e suas sanções correspondentes. Ocorre que, em certos casos, como já apreciado pela Suprema Corte espanhola, a "*postestad sancionadora*" consagrada pela CE acaba se "chocando" com as condutas antijurídicas previstas no direito penal espanhol. Um exemplo disso na legislação espanhola são as "*defraudaciones tributarias*" que, ao superarem certa quantia, deixam de ser infração administrativa para se tornar delitos penais. Em busca de uma certa fronteira entre a sanção administrativa e a penal, ambas, a nosso entender, derivadas de um *ius puniendi* único, é que seguiremos adiante.

3.3 A relação entre o Direito Administrativo Sancionador e o Direito Penal na legislação espanhola

Vários juristas há muitos anos têm tratado de resolver a problemática de conceder à Administração Pública parte do exercício do *ius puniendi*. Com a outorga de atividades antes essencialmente estatais, cada vez mais direito penal e direito sancionatório administrativo se confundem. Conforme leciona Silva Forné (2003), observa-se uma administrativização do direito penal e uma exarcebação punitivista do direito administrativo (FORNÉ, 2013, p. 184). Apesar do extenso debate da doutrina espanhola, como afirma Cerezo Mir, não há na Espanha uma hipertrofia do direito penal, ideia presente no debate de direito comparado, mas sim uma hipertrofia do direito administrativo sancionador (MIR, 2004, p. 52).

É exatamente essa hipertrofia do direito administrativo sancionador que nos chama atenção, sendo que, como prediz Rando Casermeiro, a sanção administrativa por vezes supera a penal em severidade, sendo que a elas não se costuma estender as garantias e direitos do sancionado. Segundo o autor, o que se está a criar é uma "fraude de etiquetas" (RANDO CASERMEIRO, 2010, p. 28).

A doutrina espanhola aborda o tema em diferentes perspectivas, sendo que não será nosso objetivo esgotá-la, mas apenas tentar compreender a falta de claridade na separação dos limites de ambos os poderes para, à frente, chegarmos a nosso recorte. Não desconsideramos, no entanto, a relevância do debate mais aprofundado sobre o tema. Para alcançar a análise de nosso recorte, é preciso compreender a posição de parte considerável da doutrina espanhola sobre os conceitos de sanção penal e sanção administrativa. Apesar da crítica de Rando Casermeiro (2010) ao tratamento maçante e repetitivo doutrinário da dicotomia sancionatória que abordaremos, ela nos parece essencial à conclusão de nossa abordagem.

Importante também será a distinção que a doutrina e os tribunais espanhóis realizam entre a sanção administrativa que, a nosso entender, não deve ser cumulada com a sanção penal por seu caráter exclusivamente punitivo, e as medidas que resultam em encargos para o administrado, como multas coercitivas, responsabilização civil, dentre outras.

3.3.1 Conceito de sanção penal

Vale a pena notar como uma considerável parte da doutrina espanhola se concentra no estudo das sanções administrativas e sua diferenciação das sanções criminais. Exemplo deste panorama é a pesquisa dos autores desde o início da década de 1970, como Bajo Fernández (1973), Muñoz Conde (1975), Rodríguez Mourullo (1978), Serrano Gómez (1979), Octavio de Toledo (1980), De la Cuetara (1983), Coeppicus (1985), Suay Rincón (1989), Bacigalupo Zapater (1991), Cid Moliné (1996), Bacigalupo (2001), Silva Forné (2003), Cerezo Mir (2004), Rando Casermeiro (2010), Díaz Fraile (2015), dentre outros vários. Ponto convergente entre o trabalho doutrinal dos autores é a nítida influência da doutrina alemã na problemática de distinção entre os setores de direito administrativo e penal.

Segundo Rando Casermeiro, os parâmetros instrumentais que trabalham a distinção entre a sanção penal e a sanção administrativa, tais como quantitativos, qualitativos e mistos, deveriam ser abandonados (RANDO CASERMEIRO, 2010, p. 53). Em relação ao usual critério quantitativo, um exemplo interessante que o autor nos traz são os *delitos de defraudación a la hacienda pública* e seu correspondente ilícito administrativo que, ao adotar este critério, diferencia-os somente pelo *quantum* (RANDO CASERMEIRO, 2010, p. 53).

Com relação aos critérios qualitativos, ao tomarmos a influência alemã na doutrina espanhola, identificar-se-ia qualitativamente a sanção penal por esta voltar-se ao passado, enquanto a sanção administrativa (contraordenacional alemã) se voltaria ao futuro, sendo a sanção penal então retributiva (RITCHER, 2000, p. 54-55). Entretanto, essa compreensão não pode ser mais defendida, sendo que a sanção penal já não se refere apenas ao passado, sob pena de, quando não for preventiva, tornar-se ilegítima. E também a sanção administrativa não tem como finalidade exclusiva o caráter preventivo, sendo possível identificar no ordenamento jurídico espanhol diversas com caráter aflitivo, como define Lobo da Costa (2013, p. 153). Portanto, afirmação de que os ilícitos penais e administrativos apresentariam qualidades diferentes seria inócua, por exemplo, a diferenciação das sanções por retributiva e preventiva, como vimos.

Voltando à esteira de Rando Casermeiro, além do problema identificado na qualificação sancionatória por retributiva ou preventiva, estas tais qualidades estariam assim sujeitas a ingerências de determinados grupos sociais que, em determinado momento, por convicções próprias ou até mesmo sentimentos, oscilariam entre definir um grupo de ilícito superior ou inferior em relação à sua gravidade (DORADO MONTERO, 1953, p. 665 *apud* RANDO CASERMEIRO, 2010, p. 53-54).

Por fim, o critério misto quantitativo-qualitativo, de igual modo ao pensamento do autor, não nos atende, sendo que ambos os métodos se tratam das "caras de uma mesma moeda" (RANDO CASERMEIRO, 2010, p. 57).

No começo dos anos 1980, o Tribunal Constitucional espanhol optou pela transição progressiva de princípios penais da ordem criminal para a ordem administrativa (RANDO CASERMEIRO, 2010, p. 26). Nessa mesma linha, Bacigalupo Zapater compreende que a doutrina que trabalha a relação das duas áreas do direito que aqui analisamos busca apenas legitimar a autoridade administrativa sancionadora (BACIGALUPO, 1991, p. 17). Ao analisar a convergência e transferência dos Princípios do Direito Penal para o Direito Administrativo Sanitário, percebemos que existem matrizes semelhantes, sendo que a questão a ser respondida é que, embora os princípios sejam semelhantes, fato é que a singularidade de princípios gerais de direito não impede a individualização de cada disciplina. Esta individualização nos traz um cuidado ainda maior, sendo que a identidade própria não se trata de total autonomia. Essa individualização, a nosso sentir, é única e exclusivamente uma limitação ao legislador em sua atividade tipificadora, concedendo parâmetros corretos e justos.

A concorrência sancionadora do ilícito penal e administrativo acaba acarretando sobreposição normativa, conflitos de aplicação de direito e consternação com a consequente perda de autoridade em razão de o destinatário ter margem de segurança jurídica reduzida (RANDO CASERMEIRO, 2010, p. 29). Ainda na esteira de Rando Casermeiro, este nos traz uma proposta de uma política jurídica conjunta, sendo que não poderemos ouvidar, como leciona Lobo da Costa, de certa racionalidade (COSTA, 2013, p. 122). Para evitarmos essa sobreposição normativa, ao invés de buscarmos critérios enfadonhos de diferenciação, deveríamos seguir o entendimento de que controle repressivo e punitivo do Estado parte de um conceito unitário de *ius puniendi*, como estabelecido pelo Tribunal Constitucional espanhol no caso STC 18/1981.

> Los principios inspiradores del orden penal son de aplicación, con ciertos matices, al derecho administrativo sancionador, dado que ambos son manifestaciones del ordenamiento punitivo del estado [...] hasta el punto de que un mismo bien jurídico puede ser protegido por técnicas administrativas o penales [...] . (STC 18/1981)

Ao compreendermos as semelhanças entre o processo sancionatório penal e administrativo, ao passo que ambas são manifestações do *ius puniendi* estatal, sendo que também a sanção administrativa, de igual modo à penal, protege bens jurídicos, devendo funcionar como base aos princípios do direito punitivo, sem prejuízo das flexibilizações que são pertinentes ao campo administrativo sancionador. Talvez, como leciona Silva Forné (2003), uma única e importante diferença entre a sanção penal e administrativa seja a exclusividade dos tribunais na aplicação da pena privativa de liberdade.

> Es un principio esencial al Estado de Derecho, en virtud del valor asignado a la libertad humana por el constitucionalismo contemporáneo, que las penas privativas de libertad sólo puedan ser impuestas por los tribunales. (SILVA FORNÉ, 2003, p. 173)

Sendo assim, tendo identificadas as enormes similitudes funcionais entre a sanção penal aqui analisada e a sanção administrativa, importante também será delinearmos o conceito da sanção administrativa e compreendermos quais medidas administrativas podem ser consideradas sanções ditas punitivas e as medidas administrativas especiais que resultam em encargos aos administrados.

3.3.2 Conceito de sanção administrativa

Com relação ao conceito de sanção administrativa, o autor García de Enterría (2004) definiu-a como um mal infligido pela Administração ao administrado como consequência de uma conduta ilegal.

> Un mal inflingido por la Administración al administrado como consecuencia de una conducta ilegal. (GARCÍA DE ENTERRÍA, 2004, p. 163)

Já Bermejo Vera (1999), descreveu a sanção administrativa como uma resolução administrativa de um gravame que diminui ou enfraquece - até mesmo elimina - algum espaço da esfera jurídica dos particulares, seja porque se priva um direito, seja porque impõe dever ou obrigação, sempre como consequência da geração de uma responsabilidade derivada de sua atitude.

> Una resolución administrativa de gravamen que disminuye o debilita –incluso elimina– algún espacio de la esfera jurídica de los particulares, bien porque se le priva de un derecho, bien porque se le impone un deber u obligación, siempre como consecuencia

> de la generación de una responsabilidad derivada de la actitud de los mismos. (BERMEJO VERA, 1999, p. 81)

Carretero Pérez e Carretero Sánchez (1995) referiam-se a ela como um mal legal que a Administração inflige a um administrado, sendo este responsável por uma conduta repreensível antecedente.

> Un mal jurídico que la Administración inflige a un administrado, responsable de una conducta reprensible antecedente. (CARRETERO PÉREZ; CARRETERO SÁNCHEZ, 1995, p. 172)

O Tribunal Constitucional espanhol (2001) decidiu que as sanções administrativas consistem em uma decisão administrativa com finalidade repressiva, limitada de direitos, baseada em uma prévia valoração negativa de conduta.

> Una decisión administrativa con fnalidad represiva, limitativa de derechos, basada en una previa valoración negativa de la conducta. (STC, 132/2001, p. 3)

Das propostas anteriores para a definição de sanção administrativa, denotamos que há três elementos que são comuns em todas as tentativas de conceituá-la. Com isso nos referimos ao ônus imposto ao indivíduo; a garantia de que deve ser a consequência de uma conduta lesiva a um direito legal protegido em uma infração administrativa; e o poder detido pelas autoridades administrativas para impor-lhe, de acordo com as normas e princípios que regem a atividade sancionatória. Deste modo, como define bem Lozano Cutanda, a sanção administrativa é um símbolo da autoridade repressiva que se aciona frente a uma perturbação que se ocasione e se traduz em poder para reprimir os indivíduos, no entanto, sem fazer distinções entre relação de sujeição geral e especial, pelas infrações à ordem jurídico-administrativa (LOZANO CUTANDA, 1999, p. 40-41):

> La sanción es un signo de la autoridad repressiva que se acciona frente cualquier tipo de perturbación que se ocasione, y se traduce en el poder para reprimir a los individuos, sin hacer la distinción entre relaciones de sujeción gene al y especial, por las infracciones al orden jurídico-administrativo. (LOZANO CUTANDA, 1999, p. 40-41)

Este carácter repressivo da sanção foi evidenciado pelo próprio Tribunal Constitucional espanhol, como citado, quando afirma que esta característica é a que marca a diferença entre uma sanção e outras resoluções administrativas que limitam os direitos individuais, mas que têm finalidades diferentes. Por exemplo, coerção e encorajamento para cumprir as leis. Este caráter repressivo, como leciona Rebollo Puig, no entanto, não pode ser mal entendido no sentido de que toda atividade que ocasione ao administrado uma carga seja uma sanção.

> En el Derecho Administrativo Sancionador se implican aspectos distintos no incluibles todos ellos en las diversas materias conforme a idénticos criterios. Por lo pronto urge depurar el concepto mismo para excluir de él las falsas sanciones y, consiguientemente, todo el régimen jurídico de otras medidas administrativas igualmente gravosas pero de naturaleza no propiamente repressiva. (REBOLLO PUIG, 1990, p. 42)

Assim, muitas das medidas que podem ser adotadas pelas autoridades administrativas que envolvem um ônus sobre o indivíduo, não necessariamente seriam um indicador exato do exercício do poder punitivo sobre ele. Como exemplo dessa diferença, podemos citar multas coercitivas, medidas legais que afetam eficácia de títulos jurídicos outorgados pela mesma Administração. No mesmo sentido, as palavras do Tribunal Supremo espanhol:

> En las dos medidas de suspensión o paralización de las obras y en la reposición restauración de la Fnca a su estado anterior, (...) no tienen naturaleza de sanción y, en consecuencia, es indiferente que sean reiteradas por una u otra Administración, pues su índole de medidas de defensa y garantía de la legalidad consienten e incluso hacen deseable tal reforzamiento del mantenimiento de dicha legalidade. (STC 239/1988, p. 4)

Uma das considerações mais importantes do próprio conceito de sanção administrativa está relacionada aos princípios que devem reger a atividade sancionatória, uma vez que esta é presidida por uma série de máximas que regem o referido exercício, tais como: o princípio da legalidade, em seus dois aspectos: tipicidade e reserva de direito; culpabilidade; proporcionalidade; vedação à analogia *in malam partem*; *non bis in idem*; entre outros (NIETO GARCÍA, 2005, p. 197). Neste sentido, o Tribunal Constitucional, a partir de suas primeiras decisões a respeito do princípio do *non bis in idem*, toma a posição que o Tribunal Supremo vinha usando em aplicar os princípios do direito penal ao campo do direito administrativo, com certas modulações, fornecendo assim a lacuna legal que existia na legislação naquela época. Tema este que vai a encontro direto de nosso recorte metodológico e será melhor abordado no próximo item.

Essa compreensão e confronto entre a sanção administrativa e as medidas que resultem em encargos para o administrado, por exemplo, multas coercitivas, responsabilização civil, revogação de autorização e licenças, é de grande relevância, pois somente nas sanções administrativas de caráter repressivo, como já explicado, é que estariam aplicados os princípios exigíveis ao manifesto do *ius puniendi* do Estado. Sendo assim, a aplicação de tais princípios só poderá ocorrer dentro da estrutura da atividade sancionatória e não pode ser estendida a outras áreas regidas por outros princípios e princípios de ordenação. Este foi o entendimento do intérprete constitucional espanhol:

> Ha de recordarse que en distintas ocasiones hemos advertido ya de la improcedencia de extender indebidamente el concepto de sanción con la finalidad de obtener la aplicación de las garantías constitucionales propias de este campo a medidas que no responden verdaderamente al ejercicio del ius puniendi del Estado. (STC 164/1995, p. 4)

Assim, assumimos a posição, também defendida por Nieto García (2005), de que muitas das medidas que podem ser adotadas pelas autoridades administrativas implicam um ônus para o indivíduo, mas isso não necessariamente será um indicador de que está se revelando o exercício do poder punitivo, *ius puniendi* do Estado sobre o administrado. Nas palavras do Supremo Tribunal, a sanção administrativa é a ferramenta com que a Administração conta para sancionar os indivíduos que incorram em uma conduta tipificada como infração no ordenamento. Com isso, implica-se à sanção administrativa, durante o processo sancionador, os princípios e garantias que não são extensivos a outras figuras jurídicas estranhas ao *ius puniendi* do Estado. A garantia que passaremos agora a debater, ligada ao nosso recorte, tratará do *non bis in idem.*

3.4 Princípio do *non bis in idem* e a subordinação do poder sancionador administrativo à ordem jurisdicional criminal

Passemos agora a analisar a vedação constitucional espanhola ao *bis in idem* no sentido de afastamento da cumulação entre a sanção penal e a sanção administrativa, na ideia de um *ius puniendi* unitário, como colocado por Rando Casermeiro. Esta unidade do exercício do poder do Estado, segundo o autor, não quer dizer transformar as duas instâncias em uma só, devendo ser guardadas suas peculiaridades processuais e procedimentais, rechaçando, portanto, o argumento de essa concepção ser de alguma forma autoritária (RANDO CASERMEIRO, 2010, p. 51). A tão falada autonomia das instâncias não pode, ao nosso entendimento, pressupor segregação de garantias ou "outorga desgarrada" do *ius puniendi*, o que poderia permitir o desditoso *bis in idem*. O que de fato acontece será o que apresentaremos.

Na ótica espanhola, em termos gerais, o princípio *non bis in idem* seria a proibição de que um mesmo fato seja sancionado mais de uma vez, ou seja, que não haja duplicação de sanções impostas nos casos em que haja identidade de sujeitos, fato e fundamento (MARTÍNEZ RODRÍGUEZ, 2011, p. 1).

O entendimento atual do princípio do *non bis in idem* na Espanha é antagônico do perpetrado pelo judiciário hoje no Brasil, que, por sua vez, é o entendimento que sobressaiu na Espanha até o ano de 1981, razão de seu registro no presente ensaio.

A Carta Magna espanhola de 1978 não inseriu diretamente o princípio garantidor do *non bis in idem*, mas parte da doutrina espanhola tem defendido a sua validade, pois a vedação à dupla sanção estaria implícita no próprio princípio da legalidade esculpido no artigo 25.1 da Constituição espanhola (GARCIA DE ENTERRIA, 2004, p. 176).

> Artículo 25.
>
> 1. Nadie puede ser condenado o sancionado por acciones u omi- siones que em el momento de producirse no constituyan delito, falta o infracción administrativa, según la legislación vigente em aquel momento.

Segundo o autor, a Constituição também vedaria o non *bis in idem* por meio da norma insculpida no artigo 9.3, que insere implicitamente o princípio de exigência de racionalidade e interdição de arbitrariedade de autoridade política (GARCÍA DE ENTERRIA, 2004, p. 176).

> Artículo 9.3 La Constitución garantiza el principio de arbitrarie, la jerarquía normativa, la arbitraried de las normas, la irretroactividad de las disposiciones sancionadoras no favorables o restrictivas de derechos individuales, la arbitrarie jurídica, la arbitrariedade y la interdicción de la arbitrariedade de los poderes públicos.

Ainda na esteira da inserção implícita da previsão constitucional do *non bis in idem*, Cerezo Mir (1993) nos explica que, apesar da renúncia expressa no texto constitucional, a mesma estaria integrada aos princípios da legalidade e da tipicidade (MIR, 1993, p. 32).

No ordenamento jurídico espanhol há diversos casos de concorrência de sanções administrativas e criminais. Julgando um desses casos em 1981, o Tribunal Espanhol assinalou em uma decisão paradigmática a seguinte decisão:

> El principio general del derccho conocido por non bis in idem supone, en una de sus más conocidas manifcstaciones, que no recaiga duplicidad de sanciones -administrativa y penal- en los casos en que se aprecie la identidad del sujeto, hecho y fundamento sin existencia de una relación de supremacia especial de la Administración -relación de funcionario, scrvicio público, concesionario, etc.- que justificase el ejercicio del ius puniendi por los Tribunales y a su vez de la potestad sancionadora de la Administración. (Sentencia n2./1981)

Sobre a decisão, Enterría e Fernández, explicam que a jurisprudência espanhola, antes da decisão de 1981, tratando-se de dois ordenamentos diferentes, as sanções administrativas eram perfeitamente compatíveis e inclusive independentes em relação às penais, diante dos mesmos fatos. Segundo o autor, era ainda cabível que, em função dos mesmos fatos, se sofresse uma dupla punição (administrativa e penal), o que resultava, de forma ainda mais grave, que os mesmos fatos pudessem ser julgados de uma forma pelo juiz penal e de outra completamente diferente ou até contraditória pela autoridade administrativa sancionatória. O autor continua nos descrevendo a tese retificada pelo Tribunal Constitucional a partir de uma de suas primeiras Sentenças, a de 30 de janeiro de 1981, que estabeleceu o princípio radicalmente contrário, o do *non bis in idem*, princípio este que, de acordo com o Tribunal Constitucional, estaria intimamente vinculado aos princípios da legalidade e tipicidade recepcionados no art. 25 da Constituição e, portanto, participaria da natureza de direito fundamental (GARCÍA DE ENTERRÍA; FERNÁNDEZ, 2014, p. 208).

Apesar de significativa, a decisão não reconheceu o *bis in idem*, pois no caso concreto analisado, tratava-se de fatos distintos, ocorridos em datas diversas. Somente em 1983, na Sentença do Tribunal Constitucional espanhol de número 77, é que foi reconhecida em caráter material e processual a vedação ao *bis in idem*.

> El principio non bis in idem determina una interdicción de la duplicidad de sanciones administrativas y penales respecto de unos mismos hechos, pero conduce también a la imposibilidad de

> que cuando el ordenamiento permite una dualidad de procedimiento, y en cada uno de ellos ha de producirse un enjuiciamiento y una calificación de unos mismos hechos, el enjuiciamiento y la calificación que en el plano jurídico puedan producirse, se hagan con independencia, si resultan de la aplicación de normativa diferente, pero que no puede ocurrir lo mismo en lo que se refiere a la apreciación de los hechos, pues es claro que unos mismos hechos no pueden existir y dejar de existir para los órganos del Estado. (Sentencia n77./1983)

A decisão da STC 77/1983 trouxe consequências práticas da assimilação do princípio do *non bis in idem* analisado em nosso recorte no ordenamento jurídico espanhol. A STC estabeleceu uma condição de suspensão processual em situações, por exemplo, de quando a Administração toma ciência de atos ilícitos antes de órgãos judiciais. Neste caso, o Tribunal Constitucional declarou a impossibilidade dos órgãos da Administração procederem autuações ou procedimentos sancionadores se os fatos investigados puderem também ser constitutivos de delitos criminais, podendo ser sancionados penalmente. Neste caso, segundo o tribunal, a Administração deveria comunicar formalmente o "Ministerio Fiscal" ou a "Autoridade Judicial", mantendo a suspensão do procedimento até que se tenha um resolução judicial sobre o mesmo (MARTÍNEZ RODRÍGUEZ, 2011, p. 1). Nesse sentido, para que essa suspensão se opere de forma racional, a lei que estabelece a chamada "postedad sancionadora" administrativa, em seu art. 133, Ley Orgánica

30/1992, incorporou o ditame do julgado à STC 77/1983 e foi mais específica, vejamos:

> Art. 133. Concurrencia de sanciones.
>
> No podrán sancionarse los hechos que hayan sido sancionados penal o administrativamente en los casos en que se aprecie identidad del sujeto, hecho y fundamento. (LEY ORGÁNICA, 30/1992)

A lei, como observamos, foi ainda mais pontual com relação ao julgado do STC ao dispor sobre o *bis in idem* entre processos paralelos, criminais e administrativos, sendo que somente seria proibida a dupla sanção no preenchimento de três critérios: (i) que as duas punições sejam impostas em análises dos mesmos fatos; (ii) que as imputações recaiam sobre o mesmo sujeito jurídico; e (iii) que se tratem de exames pelos mesmos fundamentos. No caso concreto, o autor Martínez Rodríguez (2011) exemplifica da seguinte forma: em caso de uma decisão absolutória em suposto cometimento de delito ecológico, se a sentença que absolveu o réu declarasse que este, no entanto, não infringiu regulamentos administrativos ou não participou dos fatos alegados, a Administração não poderia então iniciar um processo sancionatório contra o mesmo, nem impor uma sanção administrativa. Por outro lado, se o Tribunal absolver o réu, acreditando que este não colocou "seriamente em risco a saúde humana" ou o "equilíbrio ecológico", mas considerar, em vez disso, que ele participou dos eventos processados violando regras administrativas, a Administração então seria autorizada, neste caso, a impor uma penalidade.

> Si recayese una resolución absolutoria como por ejemplo en un delito ecológico, y en la sentencia se declarase probado que el acusado no contravino la normativa administrativa ni participó en los hechos que se le imputan, la Administración no podría iniciar un procedimiento sancionador contra dicho acusado, ni imponerle una sanción administrativa. En cambio, si el Tribunal absuelve al acusado estimando que no ha puesto en grave peligro ni la salud humana ni el equilibrio ecológico aunque, considere, en cambio, que ha participado en los hechos enjuiciados y ha vulnerado las normas administrativas, la Administración sí estaría facultado, en este caso, para imponerle una sanción. (MARTÍNEZ RODRÍGUEZ, 2011, p. 2)

Sendo assim, diante da análise que apresentamos, o sistema normativo espanhol veda a imposição de múltiplas sanções quando se estiver diante da prática de um mesmo ato tido como ilícito, praticado pelo mesmo sujeito e sob o mesmo fundamento, esse último analisado sob o aspecto material.

3.5 Conclusão parcial

Por fim, buscamos compreender como a doutrina e o judiciário espanhol se posicionaram com relação a delitos que possam sofrer duplo sancionamento e se o *non bis idem* estaria incorporado ao ordenamento espanhol. Como explicamos, a grande possibilidade de sobreposição sancionatória normativa com relação ao fenômeno da corrupção espanhola, haja visto a extensa legislação penal e administrativa que trata do tema, nos trouxe a necessidade de averiguar o problema na perspectiva aqui adotada. A solução dada pela doutrina e pela jurisprudência, no caso espanhol, é a vedação ao *bis in idem* quando as sanções recaírem sobre mesmos fatos, mesmo sujeito jurídico e se tratem de exames pelos mesmos fundamentos.

A solução espanhola adota então a compreensão de um conceito unitário do *ius puniendi*, evitando assim uma outorga desgarrada do exercício do poder sancionatório do Estado. A unidade deste *ius puniendi* perpetra a extensão de direitos e garantias aos investigados, mas não torna o direito penal e o direito sancionatório administrativo um direito único, mantendo as peculiaridades procedimentais de cada esfera intactas. Do contrário, bastar-nos-ia um único sistema de controle punitivo, sem a necessidade de dividir o controle social das sanções.

4

RESPONSABILIZAÇÃO NA LEGISLAÇÃO BRASILEIRA: ANÁLISE DO PRINCÍPIO DO *NE BIS IN IDEM*

Muito já se escreveu a respeito do processo de responsabilização penal e administrativo, ligado diretamente à evolução do Direito Penal e do Direito Administrativo Sancionador. No entanto, o que nos importa saber consiste em como o direito contemporâneo, em conformidade com o direito positivo, enquadra alguns pontos específicos que acabam por sobrecarregar o delito de corrupção no Brasil.

Historicamente, uma série de acontecimentos de corrupção envolvendo a Administração Pública brasileira evidencia a busca do legislador por um procedimento punitivo mais efetivo. Somados aos compromissos estrangeiros assumidos pelo Brasil, as manifestações populares de junho de 2013 clamaram de forma contundente maior ética, moral e maior probidade por parte dos governantes. Em resposta aos intensos e peculiares movimentos populares, o governo brasileiro na época promulgou a nova Lei Anticorrupção

(Lei nº 12.846/13), que dispôs sobre a responsabilização administrativa e civil de pessoas jurídicas pela administração pública, nacional ou estrangeira.

A repressão da corrupção, no entanto, já encontrava previsão legal há mais de sete décadas no Código Penal brasileiro de 1940. Além das tipificações penais específicas no Código Penal brasileiro, a nova Lei Anticorrupção brasileira se adiciona ao chamado "sistema normativo de defesa da integridade e moralidade administrativa" (MOREIRA NETO; FREITAS, 2018, p. 9-10). Segundo Maciel e Avelar (2014), o sistema normativo se compõe das leis: Lei de Improbidade Administrativa (Lei nº 8.429/92); Lei de Ação Civil Pública (Lei nº 7.347/85); Lei de Ação Popular (Lei nº 4.717/1965); Leis de Licitações e Contratos (especialmente Lei nº 8.666/1993, Lei nº 10.520/2002 e Lei nº 13.303/2016); e a Lei que Estrutura o Sistema Brasileiro de Defesa da Concorrência (Lei nº 12.259/11). Acrescentaríamos ao arcabouço normativo, exemplificativamente, as leis: Lei de Parceria Público-Privada (Lei nº 11.079/2004); Leis de Lavagem de Dinheiro (Lei nº 9.613/1998 e nº 10.467/2002); Lei Antitruste (Lei nº 12.529/2011); Lei de Filantropia (Lei nº 12.101/2009); Lei do Terceiro Setor (Lei nº 13.019/2014); Lei de Responsabilidade Fiscal (Lei Complementar nº 101/2000); Lei sobre Sigilo das Operações Financeiras (Lei Complementar nº 105/2000); Lei do Mercado de Capitais (Leis nº 4.728/1965 e nº 6.385/1976).

Nessa mixórdia de sobreposição normativa, o legislador, ao editar a nova lei sobre a corrupção, acabou por declarar uma controversa independência do exercício do poder Estatal, *ius puniendi*, entre a responsabilização administrativa e judicial, nos termos do art. 18 da Lei nº 12.846/13.

Com base nas razões demonstradas, reputamos fundamental ao desenvolvimento deste estudo estabelecer algumas premissas que servirão de alicerce para nossas conclusões.

4.1 Contexto histórico e origens

Sem pretender simplificar o valioso e necessário aprofundamento histórico para a compreensão, de forma detida, da evolução do combate ao fenômeno da corrupção, e já nos permitindo antecipar breves conclusões intermediárias, afirmamos que tal peleja normativa faz parte de praticamente todo histórico legislativo do Brasil. No Brasil, o Livro V das Ordenações Filipinas de 1603 já previa, em seu Título LXXI, os crimes dos "Officiaes Del-Rey, que recebem serviços, ou peitas, e das partes, que lhas dão, ou promettem".

Pelas razões acima, em que pese considerarmos valiosíssimo o exame da evolução histórica dos institutos basilares deste estudo, não faz parte deste trabalho uma aprofundada análise e desenvolvimento histórico. O que tentaremos será demonstrar pontualmente os fatos que catalisaram a aprovação e promulgação da lei que analisaremos neste livro.

A corrupção como fenômeno histórico é sintetizada por José Murilo de Carvalho em ensaio intitulado "Passado, Presente e Futuro da Corrupção Brasileira". O autor lembra que o sistema imperial, a Primeira República e seus políticos, o governo Getúlio Vargas e os militares foram acusados e condenados pela prática de atos de corrupção (CARVALHO, 2007, p. 237).

O fenômeno corrupção também foi vivenciado no governo Fernando Collor, por ocasião da redemocratização em 1989, levando ao seu *impeachment* no ano de 1992. Ele continua nos dias atuais com a série de denúncias e escândalos de corrupção que envolveram a Ação Penal 470 (Mensalão), e a complexa e impactante operação Lava Jato, que levou o ex-presidente Luís Inácio Lula da Silva à prisão exatamente pelo crime de corrupção.

Alaor Leite (2019), em palestra concedida ao instituto Fernando Henrique Cardoso, destacou que a discussão sobre o delito de corrupção foi se perdendo desde o Caso Collor, com a Ação Penal 307, a Ação Penal 407 e agora, mais recentemente, com a operação Lava Jato. Segundo o penalista, o legislador brasileiro decidiu criar um tipo amplo, desejando atingir todos os setores da administração pública, o que seria natural (LEITE, 2019, informação verbal). Alaor Leite também acrescenta que passamos por um longo hiato normativo desde a edição da norma penal de 1940 até as leis de 2013, Lei Anticorrupção e a Lei das Organizações Criminosas (Lei nº 12.850/13) (LEITE, 2019, informação verbal).

Embora já existissem no Brasil outros diplomas legais com o intuito de estabelecer sanções aos atos delituosos envolvendo empresas privadas com o Poder Público, referidas leis, como citado anteriormente, não se mostraram suficientes para atender aos compromissos assumidos pelo Brasil internacionalmente. Diante do problema de ordem mundial, diversos acordos de cooperação e convenções internacionais foram celebrados para combater a corrupção. No campo normativo, tivemos a construção de várias Convenções Internacionais Anticorrupção:

a) É aprovada a Convenção de Viena das Nações Unidas (ONU) sobre tráfico de drogas (1988);

b) Ocorre a implantação do Grupo de Ação Financeira (GAFI) (1989);

c) É aprovado o Convênio de Estrasburgo (Conselho da Europa) sobre confisco e lavagem de capital (1990);

d) No âmbito da União Europeia é editada a Diretiva 91/308/CEE, que estabelece os sujeitos obrigados a indicar a origem dos recursos financeiros (1991);

e) Resolução do Conselho da União Europeia sobre pagamento de subornos a funcionários públicos (1994);

f) É implantado o Grupo *Egmont*-unidade de inteligência financeira (1995);

g) É aprovada, no âmbito da Organização dos Estados Americanos (OEA), a Convenção Interamericana contra a Corrupção (1996);

h) É aprovada a Convenção sobre suborno de Oficiais Públicos Estrangeiros dos países da Organização para Cooperação e Desenvolvimento Econômico (OCDE) (1997);

i) É criado, por uma resolução do Comitê de Ministros do Conselho da Europa, o Grupo de Estados contra a Corrupção (GRECO) (1998);

j) São aprovadas as Convenções sobre Corrupção do Conselho Europeu de Direito Criminal e Civil (1999);

k) Decisão da Comissão Europeia, por meio da qual é criada a Oficina Europeia da luta contra a Fraude (1999);

l) Aprovada a Convenção das Nações Unidas contra o Crime Organizado Transnacional, também chamada de Convenção de Palermo, que tem como um dos destaques o combate à lavagem de dinheiro (2000);

m) Aprovada Convenção da União Africana sobre Prevenção e Combate à Corrupção, relativamente aos Estados da Convenção da União Africana (12/07/2003);

n) Convenção das Nações Unidas sobre Corrupção, assinada em Mérida, no México (09.12.2003).

Destacaremos aqui os quatro acordos que contaram com a adesão do Brasil e acarretaram modificações na legislação brasileira:

i) Convenção sobre o Combate à Corrupção de Funcionários Públicos Estrangeiros em Transações Comerciais Internacionais, da Organização para a

Cooperação e Desenvolvimento Econômico (OCDE), de 17.12.1997, com vigência internacional a partir de 15.02.1999, aprovada pelo Congresso Nacional por meio do Decreto Legislativo n° 125, de 14.06.2000, e promulgada internamente pelo Decreto n° 3.678, de 30.11.2000 (BRASIL, 2000);

Em razão da adesão do Brasil à Convenção da OCDE, o Código Penal brasileiro teve de sofrer pequenas modificações. Por meio da Lei nº 10.467, de 11.6.2002, foi acrescentado o Capítulo 2-A, que dispõe sobre "Os crimes praticados por particular contra a administração pública estrangeira", tipificando a corrupção ativa em transação comercial internacional, o tráfico de influência em transação comercial internacional, a ocultação ou dissimulação de produtos de crime praticado por particular contra a administração pública estrangeira e definindo, para efeitos penais, "funcionário público estrangeiro" (FURTADO, 2015, p. 175).

ii) Convenção Interamericana contra a Corrupção, da Organização dos Estados Americanos (OEA), de 29.03.1996, aprovada pelo Congresso Nacional por meio do Decreto Legislativo n° 125, de 29.03.1996, com início de vigência para o Brasil em 24.08.2002, e promulgada no país pelo Decreto n° 4.410, de 07.10.2002 (BRASIL, 2002);

A adesão do Brasil à Convenção Interamericana contra a Corrupção (1996) não resultou na necessidade de se promover modificações significativas na legislação brasileira. Ela estabeleceu três principais pontos: (1) adoção específica de sistema de declarações; (2) dever de transparência; (3)

sistemas de proteção a denúncias de atos de corrupção para funcionários públicos e particulares.

Com relação à Declaração (1) em seu art. III, 4:

> Adoção de sistemas declaração de receitas, ativos e passivos por parte das pessoas que desempenhem funções públicas em determinados cargos estabelecidos em lei e quando for o caso, para a divulgação dessas declarações. (OEA, 1996, p. 1)

No entanto, o Tribunal de Contas da União, que examina as declarações de bens por meio da Lei nº 8.370/93, segundo Furtado (2015), tem reconhecido absoluta inutilidade do recebimento dessas declarações, o que nos leva a concluir que o sistema de declarações brasileiro deve ser modificado para atender os ditames da Convenção da OEA (1996) (FURTADO, 2015, p. 176).

Em relação ao dever de dar transparência (2) exigido pela Convenção, o relatório da Transparência Brasil (2014) critica o fato de que

> o acesso amplo ao SIAFI – sistema informatizado de acompanhamento dos gastos públicos federais – tem sido objeto de longas disputas entre o Poder Legislativo Federal e o Poder Executivo. Segundo Furtado (2015), atualmente, o nível de acesso é bastante limitado. Além disso, os dados disponíveis são demonstrados de forma pouco inteligível para os não iniciados em técnicas contábeis e orçamentárias públicas. (FURTADO, 2015, p. 176)

Por fim, em relação aos sistemas de proteção aos denunciantes (3), há uma crítica por parte da TI Brasil (2014) que, apesar de reconhecer que o TCU dispõe de legislação que resguarde o sigilo do denunciante, critica a legislação brasileira, que inibiria os funcionários públicos a denunciar atividades ligadas à corrupção por exigir completa identificação do denunciante, bem como elementos de prova que embasem a denúncia, sob pena de a mesma não ter prosseguimento. A Carta Magna brasileira em seu art. 5º, inciso IV, infelizmente veda o anonimato como direito fundamental. No entanto, a nosso entendimento, estaria em conflito com o princípio da supremacia do interesse público. Em contrário ao dispositivo constitucional, a Lei nº 9.807/99, que trata da proteção de réus e testemunhas colaborados, prevê a possibilidade de preservação da identidade e, em situações excepcionais, até mesmo mudança de nome. Mais recentemente, a Lei nº 13.608/2018 regulamentou o canal de denúncia anônima em nível nacional, inclusive com pagamento de recompensa. Importante destacar também que o pacote anticrime anunciado em janeiro de 2019 pelo Ministério da Justiça e Segurança Pública, ressalvadas nossas críticas, propõe alteração na Lei nº 13.608/2018, no sentido de regulamentar o "informante do bem".

Segundo Furtado (2015), as críticas com relação à observância do Estado brasileiro da Convenção da OEA dizem respeito à implementação do texto, da sua efetiva aplicação e não da legislação, críticas essas que também se estenderiam à Convenção da ONU (iii) (FURTADO, 2015, p. 177).

iii) Convenção da ONU sobre Delinquência Organizada Transnacional – Convenção de Palermo (firmada pelo Brasil em 2000 e promulgada em 2004).

O Decreto nº 5.015/04 promulgou a Convenção da ONU sobre o Crime Organizado Transnacional. O Superior Tribunal de Justiça em 2008 exarou decisão, definindo alguns pontos importantes sobre a Convenção para o direito interno brasileiro.

> STJ, Quinta Turma, no HC 77.771-SP, rel. Min. Laurita Vaz, j. 30.05.08: 'HABEAS CORPUS. LAVAGEM DE DINHEIRO. INCISO VII DO ART. 1.º DA LEI N.º 9.613 /98. APLICABILIDADE. ORGANIZAÇÃO CRIMINOSA. CONVENÇÃO DE PALERMO APROVADA PELO DECRETO LEGISLATIVO N.º 231, DE 29 DE MAIO DE 2003 E PROMULGADA PELO DECRETO N.º 5.015, DE 12 DE MARÇO DE 2004. AÇÃO PENAL. TRANCAMENTO. IMPOSSIBILIDADE. EXISTÊNCIA DE ELEMENTOS SUFICIENTES PARA A PERSECUÇÃO PENAL.
>
> 1. Hipótese em que a denúncia descreve a existência de organização criminosa que se valia da estrutura de entidade religiosa e empresas vinculadas, para arrecadar vultosos valores, ludibriando fiéis mediante variadas fraudes - mormente estelionatos -, desviando os numerários oferecidos para determinadas finalidades ligadas à Igreja em proveito próprio e de terceiros, além de pretensamente lucrar na condução das diversas empresas citadas, algumas por meio de" testas-de-ferro ", desvirtuando suas atividades

> eminentemente assistenciais, aplicando seguidos golpes.
>
> 2. Capitulação da conduta no inciso VII do art. 1.º da Lei n.º 9.613 /98, que não requer nenhum crime antecedente específico para efeito da configuração do crime de lavagem de dinheiro, bastando que seja praticado por organização criminosa, sendo esta disciplinada no art. 1.º da Lei n.º 9.034 /95, com a redação dada pela Lei n.º 10.217 /2001, c.c. o Decreto Legislativo n.º 231 , de 29 de maio de 2003, que ratificou a Convenção das Nações Unidas contra o Crime Organizado Transnacional, promulgada pelo Decreto n.º 5.015 , de 12 de março de 2004. Precedente". (STJ, 2008, HC 77.771-SP)

Uma grande crítica que se fez sobre a decisão trata da maneira como a convenção extrapolou as definições de *ius puniendi* do Estado soberano brasileiro. Luiz Flávio Gomes (2009) destaca que, cuidando-se do Direito penal interno (relações do indivíduo com o *ius puniendi* do Estado brasileiro), tais tratados e convenções não podem servir de fonte do Direito penal incriminador, ou seja, nenhum documento internacional, em matéria de definição de crimes e penas, pode ser fonte normativa direta válida para o Direito interno brasileiro. O Tratado de Palermo (que definiu o crime organizado transnacional), por exemplo, não possui valor normativo suficiente para delimitar internamente o conceito de organização criminosa (até hoje inexistente no nosso país) (GOMES, 2009, p. 3).

A dimensão democrática do princípio da legalidade em Direito Penal exige que o parlamento brasileiro discuta e crie norma, diferentemente de referendar.

iv) Convenção das Nações Unidas contra a Corrupção, da Organização das Nações Unidas (ONU), de 31.10.2003, aprovada pelo Congresso Nacional por meio do Decreto Legislativo n° 348, de 18.05.2005, tendo entrado em vigor no plano internacional, bem como no Brasil, em 14.12.2005, e promulgada em nosso país pelo Decreto n° 5.687, de 31.01.2006 (BRASIL, 2006).

Tendo como principal diferencial a previsão de práticas que visam a prevenção da corrupção, como a escorreita gestão pública, a integridade, a transparência e a prestação de contas, a Convenção das Nações Unidas contra a Corrupção, da Organização das Nações Unidas (ONU), adotada pela Assembleia Geral da entidade em 31 de outubro de 2003, em Mérida, México, foi promulgada no Brasil por meio do Decreto nº 5.687/2006.

Segundo Furtado a legislação penal brasileira atende a todas as exigências previstas na Convenção de Mérida (FURTADO, 2015, p. 199). Além da previsão penal, a legislação brasileira contempla diversas sanções estabelecidas pela Convenção na esfera civil, por meio da Lei de Improbidade Administrativa, tais como perda de bens, ressarcimento de dano, enriquecimento ilícito, uso indevido de informação privilegiada, dentre outras. Ainda na mesma esteira, o autor Lucas Furtado destaca que, de maneira geral, não haveria necessidade de alterações legislativas para dar cumprimento à Convenção (FURTADO, 2015, p. 202). O problema do Estado brasileiro, novamente em nosso entendimento, estaria ligado à falta de efetividade da legislação já vigente e não à edição descontrolada de novas sanções.

Diante dos diplomas destacados, três dos quatro diplomas acima listados são também destacados por Marco Vinicio Petrelluzzi e Rubens Naman Rizek Junior como os inspiradores da Lei Anticorrupção (PETRELLUZZI; RIZEK JUNIOR, 2014, p. 17). Como explicado, as manifestações populares de junho de 2013 de fato impulsionaram processo legislativo já existente alguns anos antes. Com o intuito de dar cumprimento aos compromissos narrados neste item, o Poder Executivo submeteu ao Congresso Nacional um projeto de lei (CÂMARA DOS DEPUTADOS, 2010), que tramitou por quase três anos na Câmara dos Deputados. E, justamente diante dos aludidos protestos populares, foi aprovado em menos de um mês, em regime de urgência, no Senado Federal em 04.07.2013, como se depreende da Exposição de Motivos do PL nº 6.826/2010.

> 7. Além disso, o anteprojeto apresentado inclui a proteção da Administração Pública estrangeira, *em decorrência da necessidade de atender aos compromissos internacionais de combate à corrupção assumidos pelo Brasil ao ratificar a Convenção das Nações Unidas contra Corrupção* (ONU), *a Convenção Interamericana de Combate à Corrupção (OEA) e a Convenção sobre o Combate da Corrupção de Funcionários Públicos Estrangeiros em Transações Comerciais Internacionais da Organização para Cooperação e Desenvolvimento Econômico* (OCDE).

> 8. *Com as três Convenções, o Brasil obrigou-se a punir de forma efetiva as pessoas jurídicas que praticam atos de corrupção*, em especial o denominado suborno transnacional, caracterizado pela corrupção ativa de funcionários públicos estrangeiros e de organizações internacionais. *Dessa forma, urge introduzir no ordenamento nacional regulamentação da matéria* – do que, aliás, o país já vem sendo cobrado –, eis que a alteração promovida no Código Penal pela Lei nº 10.467, de 11 de junho de 2002, que tipificou a corrupção ativa em transação comercial internacional, alcança apenas as pessoas naturais, não tendo o condão de atingir as pessoas jurídicas ev ntualmente beneficiadas pelo ato criminoso. (CGU/MJ/AGU, 2009, grifos nossos)

Interessante destacarmos também o disposto na Exposição de Motivos do referido (PL) nº 6.826/2010, que promoveu a Lei Anticorrupção brasileira.

> Sabe-se que a corrupção é um dos grandes males que afetam a sociedade. São notórios os custos políticos, sociais e econômicos que acarreta. Ela compromete a legitimidade política, enfraquece as instituições democráticas e os valores morais da sociedade, além de gerar um ambiente de insegurança no mercado econômico, comprometendo o crescimento econômico e afugentando novos investimentos. O controle da corrupção assume, portanto, papel fundamental no fortalecimento das instituições democráticas e na viabilização do crescimento econômico do país. (CGU/MJ/AGU, 2009, p. 8)

Trata-se, portanto, de fenômeno histórico, existente desde os primórdios do Estado brasileiro, sendo que seu custo social, político e financeiro é elevadíssimo, como demonstrado no capítulo 1. Sobre as instituições e sua importância no processo democrático e no desempenho da economia, já destacamos em 1.4 o discurso de Douglas North (1991). Sendo assim, fortalecer as instituições, evitando medidas corruptas, impediria um pior desempenho econômico do Estado brasileiro.

Assim, após aprovação pelo Congresso Nacional e sanção presidencial com vetos parciais (BRASIL, 2013b), em 02.08.2013, foi publicada no Diário Oficial da União (DOU) a Lei n° 12.846, de 1° de agosto de 2013 (BRASIL, 2013a), denominada Lei Anticorrupção (LAC) ou Lei da Empresa Limpa, iniciando sua vigência em 29.01.2014. Posteriormente, o diploma legal em tela veio a ser regulamentado - com considerável atraso, registre-se - pelo Decreto n° 8.420, de 18 de março de 2015 (BRASIL, 2015).

4.2 Delito de corrupção no Código Penal brasileiro

Antes de adentrarmos à Legislação Anticorrupção que nos levará ao recorte metodológico sobre o *bis in idem*, é necessário demonstrar de forma breve a opção do legislador na tipificação ampla das normas penais sobre a corrupção. Deixaremos de lado a análise do tipo penal de corrupção para trabalhar as fases não tipificadas do fenômeno da corrupção política, como demonstraremos. Destacaremos apenas pontualmente algumas tipificações que se relacionem com nosso recorte. Nosso objetivo aqui não será esgotar o tema, mas apenas demonstrar a ausência de coerência do legislador na tipificação limitada sobre o fenômeno da corrupção não esgotado pela Lei Anticorrupção.

Discordamos, portanto, da afirmativa de que a Lei Anticorrupção teria natureza jurídica exclusiva administrativa. Da simples leitura quanto à tipificação do ilícito na Lei Anticorrupção e do Código Penal de 1940, como demonstraremos, percebe-se semelhanças na construção do tipo. A título de exemplo, cita-se o disposto no art. 5º, I da Lei Anticorrupção, o qual descreve a constituição de atos lesivos à administração pública nacional e internacional, a pessoa jurídica que promete, oferece ou dá, de forma direta ou indireta, vantagem indevida a agente público ou a terceiro relacionado ao agente público.

Não é forçoso notar a semelhança com o tipificado no art. 333 do Código Penal de 1940, que também descreve o ilícito pela existência do verbo nuclear oferecer ou prometer vantagem indevida a funcionário público. Demonstraremos esse aspecto melhor ao longo desse subcapítulo e em 4.3, quando trataremos especificamente da Lei nº 12.846/2013.

Voltando à norma penal sobre o fenômeno da corrupção, segundo Alaor Leite, o legislador brasileiro decidiu criar um tipo penal amplo, desejando atingir todos os setores da administração pública, o que, conforme o autor, é natural. Ele afirma que deveríamos tentar equilibrar uma balança difícil de ser equilibrada. De um lado, exige-se muito para se configurar o delito, de outro passa a existir uma verdadeira criminalização da política. Alaor Leite acrescenta que o marasmo legislativo ocorrido entre 1940 até aproximadamente 2013 seguiu-se a uma ação reativa, criando um "caos normativo" (LEITE, 2019, informação verbal).

Sobre este "caos normativo" e a dificuldade de "rastreio legislativo", Norberto Bobbio explica que a infinidade de normas existentes em um ordenamento jurídico e a dificuldade de, muitas vezes, rastreá-las ou de apenas saber qual delas se aplica ao caso derivam de um problema de falta de unidade normativa, isto é, do fato de essas normas, regulando o mesmo bem jurídico, não derivarem da mesma fonte. O autor destaca que normas aplicáveis derivam apenas da fonte direta (a lei). Ainda assim, o problema da ausência de unidade pode se apresentar quando há diversas leis envolvidas em um mesmo domínio normativo (BOBBIO, 1995, p. 37).

Segundo Bobbio, as normas deveriam também seguir uma coerência, que seria uma característica intrínseca à própria ideia de sistema jurídico. Isso porque se entende como sistema normativo uma totalidade ordenada de normas que possuem uma relação não contraditória e harmônica entre si, de tal forma que não coexistam normas incompatíveis em um sistema (BOBBIO, 1995, p. 71-72). Trabalharemos no item 4.4 a antinomia jurídica existente na Lei Anticorrupção, tanto pela sobreposição normativa quanto pela inconstitucionalidade, a nosso ver, do art. 18, que declarou a independência do exercício do poder sancionatório administrativo na responsabilização das pessoas jurídicas.

Apenas a título de exemplificação, o Código Penal tipificou com penas graves o delito de corrupção. São eles: o artigo 317 que tratou da corrupção passiva; o artigo 333 sobre a corrupção ativa; e o artigo 337-B sobre corrupção ativa em transação comercial internacional. Transcreveremos os tipos em seguida.

> *Corrupção passiva*
>
> Art. 317 – Solicitar ou receber, para si ou para outrem, direta ou indiretamente, ainda que fora da função ou antes de assumi-la, mas em razão dela, vantagem indevida, ou aceitar promessa de tal vantagem:
>
> Pena – *reclusão, de 2 (dois) a 12 (doze) anos, e multa.* (Redação dada pela Lei nº 10.763, de 12.11.2003)
>
> § 1º – A pena é aumentada de um terço, se, em conseqüência da vantagem ou promessa, o funcionário retarda ou deixa de praticar qualquer ato de ofício ou o pratica infringindo dever funcional.
>
> § 2º – Se o funcionário pratica, deixa de praticar ou retarda ato de ofício, com infração de dever funcional, cedendo a pedido ou influência de outrem:
>
> Pena – *detenção, de três meses a um ano, ou multa.* (BRASIL, 2019, grifo nosso)
>
> *Corrupção ativa*
>
> Art. 333 – Oferecer ou prometer vantagem indevida a funcionário público, para determiná-lo a praticar, omitir ou retardar ato de ofício:

> Pena - *reclusão, de 2 (dois) a 12 (doze) anos, e multa.* (Redação dada pela Lei nº 10.763, de 12.11.2003)
>
> Parágrafo único - A pena é aumentada de um terço, se, em razão da vantagem ou promessa, o funcionário retarda ou omite ato de ofício, ou o pratica infringindo dever funcional. (BRASIL, 2019, grifo nosso)
>
> *Corrupção ativa em transação comercial internacional*
>
> Art. 337-B. Prometer, oferecer ou dar, direta ou indiretamente, vantagem indevida a funcionário público estrangeiro, ou a terceira pessoa, para determiná-lo a praticar, omitir ou retardar ato de ofício relacionado à transação comercial internacional: (Incluído pela Lei nº 10467, de 11.6.2002)
>
> Pena - *reclusão, de 1 (um) a 8 (oito) anos, e multa.* (Incluído pela Lei nº 10467, de 11.6.2002)
>
> Parágrafo único. A pena é aumentada de 1/3 (um terço), se, em razão da vantagem ou promessa, o funcionário público estrangeiro retarda ou omite o ato de ofício, ou o pratica infringindo dever funcional. (Incluído pela Lei nº 10467, de 11.6.2002). (BRASIL, 2019, grifo nosso)

Fica claro, diante das transcrições acima, antecipando parte de nossa conclusão, uma ausência de harmonização normativa entre as instâncias punitivas, em que podemos destacar uma sobreposição de tipificação da corrupção na esfera administrativa, penal e cível.

O legislador, como veremos adiante, ao elaborar a redação da Lei Anticorrupção, não se ateve a tal sobreposição e ainda deixou de debater talvez o principal gargalo delitivo a respeito da corrupção política, qual seja a distinção normativa entre o financiamento irregular de campanha, a contabilização ilegal (caixa dois eleitoral) e a corrupção propriamente dita. Temas estes que, segundo Alaor Leite, seriam o grande foco da discussão penal mundial sobre a corrupção política (LEITE, 2019, informação verbal).

O legislador pátrio optou que parte do financiamento dos partidos políticos viessem da iniciativa privada, o que, para Alaor Leite, não seria um problema. No entanto, ao deixarmos de punir aqui o financiamento irregular de campanha, como fazem os espanhóis, permitimos que valores ilícitos adentrem a política. O ingresso irregular em si já seria um ilícito (LEITE, 2019, informação verbal).

Segundo Alaor Leite, a separação dos três fenômenos da corrupção política, como explicado, o financiamento irregular de campanha, a contabilização ilegal (caixa dois eleitoral) e a corrupção propriamente dita, não seriam meramente pedagógicas. Os três fenômenos estão empiricamente relacionados, mas não necessariamente inter-relacionados. É possível, por exemplo, haver financiamento regular, sem caixa dois e sim uma corrupção de um agente público. A separação dos momentos faz com que possamos chamar as condutas pelo nome. Segundo o autor, a ideia não seria diminuir acontecimentos, mas sim determinar com maior certeza os tipos (LEITE, 2019, informação verbal).

Outra pauta "deixada de lado" pelo legislador, que já expusemos neste trabalho em 1.3.1, aderindo à doutrina de Jeremy Horder (2018), seria a regulamentação do *lobby* e a diferenciação entre compra exclusiva e a generalizável. Segundo Alaor Leite, deveria haver um limite da captação da vontade política. O autor destaca ser evidente que há uma relação necessária entre interesses privados, que são captados por determinado político e são utilizados e vocalizados no parlamento. Novamente, a separação dos fenômenos em etapas permitiria distinguir a situação por completo (LEITE, 2019, informação verbal).

Sobre a captação da vontade política, o STF (2016) exarou importante controle jurisdicional na Ação Direta de Inconstitucionalidade (ADI) 4650. A ação analisou se o financiamento de campanhas políticas por meio de doações contabilizadas seria constitucional em relação ao Direito brasileiro. A discussão pairava sobre o disposto no art. 81, §1° da Lei nº 9.504/97, em que as pessoas jurídicas poderiam fazer doações e contribuições até o limite de 2% (dois por cento) do faturamento bruto do ano anterior ao da eleição, ressalvados casos definidos em lei. Também examinou a constitucionalidade da autorização concedida pela legislação eleitoral sobre a doação direta por parte das pessoas jurídicas aos partidos políticos, hipótese em que as agremiações poderiam aplicar ou distribuir pelas diversas eleições os recursos financeiros recebidos, observados os limites impostos pela legislação (Lei nº 9.096/95, art. 39, *caput*, e §5º; e Resolução TSE nº 23.376/2012, art. 20, §2º, II c/c art. 25, *caput* e inciso II).

A decisão exara ponto interessante sobre exclusividade, também já apontada como degradante ao sistema democrático político por Jeremy Horder (2018), como vimos em 1.3.1. Segundo o Ministro Luiz Fux (relator da ADI), estaríamos diante de um quadro empírico, não difícil de constatar, que apenas um número restrito de pessoas jurídicas – aproximadamente 20 mil empresas, o que corresponde a menos de 0,5% do total de empresas brasileiras, segundo informações do IBGE – financiaria as campanhas políticas no Brasil, o que macularia o processo democrático.

Em síntese, a decisão julgou parcialmente procedente a ADI (2016), entendendo que, pela inconstitucionalidade dos dispositivos que autorizariam doações realizadas por Pessoas Jurídicas, as contribuições realizadas por Pessoas Físicas teriam validade e poderiam continuar a ser feitas de acordo com a legislação em vigor. O fundamento da decisão, em suma, declarou que a Pessoa Jurídica não exerceria a cidadania em sentido estrito, que somente seria inerente às pessoas físicas (STF, Plenário. ADI 4650/DF, Rel. Min. Luiz Fux, julgado em 16 e 17/9/2015, Info 799).

O ponto que é debatido aqui recai sobre o fato de que, ao julgar inconstitucional o financiamento de campanha eleitoral por meio de doações realizadas por pessoas jurídicas, a Suprema Corte nada poderá fazer com relação às doações não contabilizadas (Caixa 2). Novamente, tecemos aqui uma crítica ao legislador pátrio que foi silente com relação ao delito, preferindo trabalhar em uma legislação anticorrupção que, a nosso ver, se sobrepõe às normativas já existentes.

Destacamos aqui a PL 1.865/2019 que, em abril de 2019, aguardava parecer da Comissão de Constituição, Justiça e Cidadania (CCJ). O projeto de lei alteraria o Código Eleitoral

(Lei nº 4.737/65) para tornar crime o ato de "arrecadar, receber, manter, movimentar ou utilizar qualquer recurso, valor, bens ou serviços estimáveis em dinheiro paralelamente à contabilidade exigida pela legislação". O texto estabelece pena de reclusão de 2 a 5 anos, se o fato não constituir crime mais grave (SENADO FEDERAL, 2019, p. 1).

Demonstra-se aqui que a pauta legislativa reacionária impediu que o legislador buscasse trabalhar alguns pontos mais urgentes. Em nosso entendimento, o legislador, ao contrário de editar legislações que tratam de bens jurídicos já protegidos em nosso ordenamento, como veremos em seguida, deveria ter buscado delimitar, como lecionado por Alaor Leite (2019), as fases que perpassam a corrupção política. Importante ressaltar que a Suprema Corte impactou a condução coercitiva ao fenômeno da corrupção com sua decisão, mas que somente será efetivamente combatido com a tipificação penal da contabilização irregular, sendo que manifestamos nossa opinião favorável à PL 1.865, no que tange, como dito, a criminalização do caixa 2, por todo o exposto.

4.3 Lei Anticorrupção brasileira – Lei nº 12.846/13

Demonstradas as tipificações penais realizadas pelo legislador, como vimos em 4.2, e a deficiência de um debate técnico sobre os momentos do fenômeno da corrupção política, passaremos agora a falar, de forma concisa, sobre a natureza jurídica da Lei nº 12.846/13, sua pretensa autonomia jurídica e suas tipificações trazidas no corpo do texto legal.

Dentre as inovações trazidas pela Lei nº 12.846/2013, estão a responsabilidade objetiva de pessoas jurídicas; o *compliance*; o acordo de leniência; o Cadastro Nacional de Empresas Punidas - CNEP; bem como a rigidez das sanções. Todavia, ainda que a referida lei possa representar um passo importante, há diversos pontos que merecem mais atenção, como a ausência de regulamentação sobre critérios para aplicação de multa, fatos agravantes e atenuantes da pena imposta à pessoa jurídica, assim como rito e competência do procedimento administrativo (CAMPOS, 2015, p. 161).

4.3.1 Natureza jurídica

Com o advento da Lei nº 12.846/2013, denominada Lei Anticorrupção, o Brasil passou a responsabilizar objetivamente pessoas jurídicas de direito privado por atos que atentem contra a administração pública nacional e internacional. Esta responsabilização está logo em seu artigo 1º.

> Art. 1º Esta Lei dispõe sobre a responsabilização objetiva administrativa e civil de pessoas jurídicas pela prática de atos contra a administração pública, nacional ou estrangeira. (BRASIL, Lei 12.846/13)

Essa responsabilização objetiva é formalmente tratada como de natureza extrapenal, ou seja, de teor administrativo e cível, baseada na teoria do risco administrativo. Porém, como destacam Fábio André Guaragni e Eduardo Bertoncini há controvérsias acerca dessa responsabilização administrativa, consubstanciada em comparações realizadas com o Código Penal de 1940 e com a Lei de Responsabilidade Administrativa italiana (Decreto Legislativo nº 231/2001), resultando em conclusões pela natureza penal (GUARAGNI; BERTONCINI, 2014, p. 12).

Como narramos em 4.2, existem grandes semelhanças entre a descrição do ilícito descrito na Lei nº 12.846/13 e os delitos correspondentes no Código Penal de 1940.

Outrossim, os meios de individualização das sanções, dispostos no art. 7º da Lei Anticorrupção, assemelham-se aos critérios para aplicação de pena por decisão penal condenatória, tendo em vista ser levado em consideração a gravidade da infração, a vantagem auferida pelo autor, a consumação ou não do ato ilícito, o grau do ato, os efeitos da infração e, ainda, a situação econômica do ato e a cooperação do réu para apuração das infrações (OLIVEIRA, 2018, p. 1).

> Art. 7º Serão levados em consideração *na aplicação das sanções*:
>
> I – a gravidade da infração;
>
> II – a vantagem auferida ou pretendida pelo infrator;
>
> III – a consumação ou não da infração;
>
> IV – o grau de lesão ou perigo de lesão;
>
> V – o efeito negativo produzido pela infração;
>
> VI – a situação econômica do infrator;
>
> VII – a cooperação da pessoa jurídica para a apuração das infrações;
>
> VIII – a existência de mecanismos e procedimentos internos de integridade, auditoria e incentivo à denúncia

> de irregularidades e a aplicação efetiva de códigos de ética e de conduta no âmbito da pessoa jurídica;
>
> IX – o valor dos contratos mantidos pela pessoa jurídica com o órgão ou entidade pública lesados; e
>
> X – (VETADO). Parágrafo único. Os parâmetros de avaliação de mecanismos e procedimentos previstos no inciso VIII do caput serão estabelecidos em regulamento do Poder Executivo federal. (BRASIL, Lei 12.846/13, grifo nosso)

O contido no artigo em comento assemelha-se ao disposto no Capítulo III sobre a aplicação da pena, especificamente nos artigos 59 e 60 do código penal, sobre os critérios de fixação da pena e da pena de multa.

> **CAPÍTULO III**
> **DA APLICAÇÃO DA PENA**
>
> *Fixação da pena*
>
> Art. 59 – O juiz, atendendo à *culpabilidade*, aos *antecedentes*, à *conduta social*, à *personalidade do agente*, aos *motivos*, às *circunstâncias e conseqüências do crime*, bem como *ao comportamento da vítima*, estabelecerá, conforme seja necessário e suficiente para reprovação e prevenção do crime: (Redação dada pela Lei nº 7.209, de 11.7.1984)
>
> I – as penas aplicáveis dentre as cominadas; (Redação dada pela Lei nº 7.209, de 11.7.1984)
>
> II – a quantidade de pena aplicável, dentro dos limites previstos; (Redação dada pela Lei nº 7.209, de 11.7.1984)

> III – o regime inicial de cumprimento da pena privativa de liberdade; (Redação dada pela Lei nº 7.209, de 11.7.1984)
>
> IV – a substituição da pena privativa da liberdade aplicada, por outra espécie de pena, se cabível. (Redação dada pela Lei nº 7.209, de 11.7.1984)
>
> *Critérios especiais da pena de multa*
>
> Art. 60 – Na fixação da pena de multa o juiz deve atender, principalmente, à situação econômica do réu. (Redação dada pela Lei nº 7.209, de 11.7.1984)
>
> § 1º – A multa pode ser aumentada até o triplo, se o juiz considerar que, em virtude da situação econômica do réu, é ineficaz, embora aplicada no máximo. (Redação dada pela Lei nº 7.209, de 11.7.1984)
>
> *Multa substitutiva*
>
> § 2º – A pena privativa de liberdade aplicada, não superior a 6 (seis) meses, pode ser substituída pela de multa, observados os critérios dos incisos II e III do art. 44 deste Código. (Redação dada pela Lei nº 7.209, de 11.7.1984). (BRASIL, 2019, grifo nosso)

O autor Mauro Mattos, em sentido contrário ao ponto de vista supracitado, alega inexistir natureza penal, haja vista a permissão de responsabilização penal autônoma aos responsáveis pelo ato ilícito ou pela empresa, obstando o reconhecimento de um caráter criminal e, ainda, observando semelhanças com a Lei de Improbidade Administrativa, notadamente de natureza administrativa, sob o prisma da descrição dos atos ilícitos com o disposto no art. 9º da Lei nº 8.429/92 (Lei de Improbidade Administrativa) (MATTOS, 2015, p. 3).

Não concordamos com tal assertiva, pois a característica penal se faz presente, inclusive, torna a Lei nº 12.846/13 semelhante à Lei de Responsabilidade Administrativa de nº 231/2001 da Itália, que também descreve atos ilícitos iguais aos existentes no Código Penal italiano, no entanto, dispondo no *caput* sua aplicabilidade às pessoas jurídicas.

O Decreto nº 231/2001, que fora denominado expressamente pelo legislador italiano como "lei de responsabilidade administrativa italiana", mas, ao aplicá-la em casos concretos, tribunais e juristas reconheceram sua natureza penal e a empregaram aos moldes processuais penais, firmando jurisprudência baseada em uma natureza penal do referido decreto (TESI, 2012, p. 303-331).

Ademais, fomentando a breve discussão, a Lei de Crimes Ambientais, a única que formalmente instituiu a responsabilização penal de pessoas jurídicas no Brasil, também possui seu lado abertamente extrapenal, dispondo de facetas administrativas, ou seja, de natureza dupla, fator este que dá azo ao reconhecimento de uma natureza ambivalente – também – na lei anticorrupção.

Ainda na esteira crítica da Doutrina que classifica a natureza da Lei nº 12.846/13 exclusivamente administrativa, Guilherme Nucci exara que não podemos transformar a natureza jurídica da corrupção, a qual, para a pessoa física, é um crime. Segundo o autor, seria uma ilogicidade imensa que exatamente a mesma conduta constituísse delito para uma pessoa e um simples ilícito administrativo, como uma espécie de delito *sui generis* (NUCCI, 2019, p. 86).

O autor também coaduna com nosso entendimento de que, ao considerarmos a lei exclusivamente parte de um denominado Direito Administrativo Sancionador, como se este autônomo fosse, estaríamos cometendo um grave erro. Segundo Nucci, o Direito Administrativo Sancionador cuida apenas das sanções aplicadas pelo Direito Administrativo e não seria uma ciência jurídica independente. Para ele, privilegiar em excesso esse chamado Direito Administrativo Sancionador, como se a salvação para o Estado fosse punir sem passar pela garantia do Direito Penal, seria um "tiro no pé" (NUCCI, 2019, p. 86). Concordamos com o autor nos exatos termos, pois a flexibilidade do *ius puniendi* de hoje pode ensejar punições abusivas, desmedidas e injustas amanhã.

Discordamos de parte da doutrina que defende a fragmentariedade e a subsidiariedade do Direito Penal, se desprendendo da compreensão clássica do Direito Penal como *ultima ratio*. Entendemos que o tema merece ser melhor debatido em pesquisa autônoma. No entanto, destacamos a importância do Direito Administrativo e suas sanções, no sentido de que deveriam ocupar o que muito bem o fazem, por exemplo, com as multas de trânsito ou com o poder de disciplina. Neste sentido, lecionam também Luiz Blazeck e Laerte Margazão Jr. (BLAZECK; MARGAZÃO JR., 2015, p. 133-145 e DI PIETRO, 2011, p. 95).

Modesto Carvalhosa vai além de admitir a natureza mista da Lei Anticorrupção, posição que adotamos. Ele explica que a Lei nº 12.846/13 tem nítida natureza penal, sendo que as condutas ilícitas tipificadas e seus efeitos delituosos têm substância penal, na medida em que se justapõem na esfera propriamente penal. Segundo o autor, a Lei nº 12.846/13 somente se distinguiria da Lei Penal quanto ao processo e não quanto à substância. Em consequência, devem rigorosamente ser observadas as garantias penais (CARVALHOSA, 2014, p. 104). Neste ponto, concordamos com o autor, sendo que talvez a grande característica de natureza dupla da lei seja a processual.

Sob o controle jurisdicional do processo administrativo sancionador e a extensão das garantias do Direito Penal, o STJ já se posicionou, como vemos:

> A presente lei tem nítida natureza penal. Com efeito, as condutas ilícitas tipificadas e os seus efeitos delituosos têm substância penal, na medida em que se justapõem na esfera propriamente penal. Assim, os crimes contra a administração pública cometidos pelos agentes públicos do Estado (agentes políticos e administrativos), constantes da legislação penal, esparsa e codificada, correspondem aos tipos enumerados no artigo 5º da presente Lei. E as sanções aqui instituídas, têm suma gravidade, tendo efeitos também na esfera civil, através da ação civil pública, chegando à dissolução compulsória da pessoa jurídica condenada no processo penal- administrativo, e que não encontram precedentes, como se pode verificar na rigorosíssima Lei de Crimes Ambientais. Assim, a presente Lei somente se distingue da Lei Penal quanto ao processo e não quanto à sua substância. Em consequência, devem rigorosamente ser observadas as garantias penais, como tem sido reconhecido pelo STJ ao

> tratar dos processos administrativos sancionatórios (BRASIL. Superior Tribunal de Justiça. RMS 24559, PR 2007/0165377-1. Rel. Min. Napoleão Nunes Maia Filho, j.03-02-2010) (p.33).

A dedução é irrefutável, pois ambos (direito penal e direito administrativo sancionador) estão submetidos ao poder punitivo estatal e, por isso mesmo, possuem como núcleo um princípio lógico comum, que busca limites para conter o arbítrio do poder no moderno Estado Democrático de Direito.

No entanto, em que pesem todas as garantias dadas ao sujeito passivo de um processo administrativo sancionador, e todos os preceitos que deveriam ser praticados pela Administração Pública, esta ainda continua se valendo de sua discricionariedade e prerrogativas afins para aplicar punições autoritárias e desarrazoadas, merecendo, por essa razão, o controle jurisdicional de seus atos.

Por fim, destacamos nosso posicionamento a respeito natureza jurídica dupla sobre a Lei nº 12.846/14, sendo que esta, apesar de adotar procedimento próprio do Direito Administrativo, deve perpassar por todas garantias ligadas ao Direito Penal.

4.3.2 Autonomia da instância administrativa sancionadora

A Lei nº 12.846/13 estabeleceu uma pretensa independência entre a responsabilização administrativa e judicial, nos termos do seu art. 18.

> Art. 18. Na esfera administrativa, a responsabilidade da pessoa jurídica não afasta a possibilidade de *sua responsabilização na esfera judicial.* (BRASIL, 2019, grifo nosso)

Isso significa dizer que o sancionamento no âmbito administrativo, ao envolver aplicação de multa e publicação extraordinária da decisão condenatória, pode cumular-se às sanções aplicáveis no bojo do processo judicial.

A autora Helena Regina Lobo da Costa exara que não podemos assumir a ideia de um *ius puniendi* unitário, sob o argumento retórico que visaria justificar a aplicação das garantias do direito penal à esfera administrativa. Segundo a autora, afastar tal ideia resultaria em não aceitar a simples transposição do regime jurídico do direito penal ao direito administrativo sancionador. Ainda colacionando a posição da autora, ela defende que o regime jurídico que fundamentaria o direito administrativo sancionador seria constitucional (COSTA, 2013, p. 176-180).

No entanto, mesmo partindo de um afastamento da unidade do *ius puniendi*, por acreditar ser esse uma função e não um poder do Estado, Lobo da Costa também declara que tal função deveria encontrar limites. A posição da qual discordamos é de que, segundo a autora, tais limites estariam ligados aos fundamentos constitucionais e não ao direito penal. A citada autora constrói uma tese que, a nosso compreender, não se sustenta. Afirma que o fato de alguns dispositivos constitucionais serem utilizados pelo direito administrativo sancionador e se referirem somente a expressões características do direito penal não alteraria sua conclusão em não haver identidade entre ambos os campos punitivos. Não podemos concordar com tal tese e acreditar que o texto do legislador constituinte fora uma mera coincidência. Respeitamos o posicionamento da autora, mas tal tese não pode prosperar.

Maria Sylvia Zanella Di Pietro confirma, de certo modo, tal posicionamento independente, traduzindo que, enquanto a Administração Pública poderia instaurar processos para apuração de ilícitos praticados em sua esfera de atuação, os ilícitos civis e penais ficam a cargo do Poder Judiciário (DI PIETRO, 2018, p. 240). No tocante ao posicionamento da doutrinadora, discordamos também, apesar de reconhecermos a peculiaridade do processo administrativo, o que não o tornaria autônomo. O argumento em si não é falso, mas serve apenas para explicar outra coisa: que as conclusões alcançadas em um processo administrativo, por exemplo, não necessariamente vinculam o processo penal, e vice-versa.

No entanto, a atual redação do referido art. 18 não esclareceu a qual campo do direito o artigo se refere ao tratar de eventual responsabilização judicial. Segundo Nucci a resposta seria óbvia, haja visto que a esfera administrativa estaria destacada na lei e a cível não serviria para punir, mas sim para reparar danos. Para o autor, o ramo do Direito autorizado a punir é o Direito Penal (NUCCI, 2015, p. 188), posicionamento este que concordamos, pelo já exposto ao longo de nossa análise de direito comparado. O autor é ainda mais incisivo ao afirmar que a lei acabou criando um novo ramo do Direito, o "Direito Judicial" (NUCCI, 2015, p. 188).

Araújo também coaduna com essa posição de que, muito embora a responsabilização de atos de corrupção preveja níveis de responsabilidade em naturezas diferentes (penal, administrativa e civil), deve-se reconhecer a unidade do poder punitivo, e consequentemente afastar a possibilidade de ações contraditórias sobre os mesmos fatos (ARAÚJO, 2012, p. 62).

Como consigna Sirlene Arêdes, além da remissão aos dispositivos legais, poucos argumentos são usados para corroborar a tese de autonomia entre instâncias punitivas, a incluir a separação entre poderes, a concepção de que a aplicação de sanções como atribuição inerente à função administrativa exercida pelo Poder Executivo e, eventualmente, a defesa de diferenciação ontológica entre sanções penais e administrativas, como se fosse possível distinguir, em termos materiais, as infrações ou sanções penais das administrativas (ARÊDES, 2013, p. 186-187).

Fábio Medina Osório, em defesa da unidade do poder punitivo estatal, afirma que "a mais importante e fundamental consequência da suposta unidade de *ius puniendi* do Estado é a aplicação de princípios comuns ao Direito Penal e ao Direito administrativo Sancionador, reforçando nesse passo as garantias individuais" (OSÓRIO, 2015, p. 120).

Rando Casermeiro também deixa claro que, apesar de não podermos assumir uma atitude radicalmente unificadora de ambos os setores, ambos os campos, direito penal e direito administrativo sancionador, constituem conjuntamente um direito punitivo do estado.

> Tampoco parece correcto, bajo el paraguas de la jurisprudencialmente asentada unidad del ius puniendi, asumir una actitud 'radicalmente unificadora' de ambos sectores del ordenamiento. Es cierto que derecho penal y derecho administrativo sancionador constituyen conjuntamente el derecho punitivo del estado. (RANDO CASERMEIRO, 2010, p. 51)

O fato de ambos os direitos constituírem conjuntamente o direito punitivo do estado não os torna iguais, como leciona Lobo da Costa (2013), mas não os transforma em direito autônomo sem constituição das garantias inerentes ao exercício do poder punitivo do Estado, como já demonstrado ao longo da exposição de direito comparado neste estudo.

Adicionalmente, os artigos 29 e 30 da Lei nº 12.846/13 enfatizam que a aplicação da lei anticorrupção não exclui as competências do Sistema Brasileiro de Defesa da Concorrência e tampouco afeta os processos de responsabilização por improbidade administrativa e por infrações contidas nas leis de licitações e contratos.

A MP 703/2015, que propunha alteração à redação do art. 18 da Lei Anticorrupção, teve sua vigência encerrada sem conversão em lei, após receber diversas críticas por parte dos órgãos de controle. A redação proposta pela MP excetuava a responsabilização judicial em virtude da celebração de acordos de leniência. Veja-se:

> Art. 18. Na esfera administrativa, a responsabilidade da pessoa jurídica não afasta a possibilidade de sua responsabilização na esfera judicial, exceto quando expressamente previsto na celebração de acordo de leniência, observado o disposto no §11, no §12 e no §1º a pela Medida provisória nº 703, de 2015 (Vigência encerrada). (BRASIL, 2019)

Diante desse resultado conflitante, realizaremos uma análise comparativa pormenorizada do sistema de integridade administrativa, comparando as condutas típicas do artigo 5º da Lei Anticorrupção com aquelas previstas nas demais legislações desse sistema normativo.

Em busca de chegarmos ao nosso recorde metodológico, daremos ênfase à necessidade de desenvolvimento do princípio do *ne bis in idem,* discutindo-se a possibilidade de uma solução mais adequada, a qual possibilite maior articulação, coerência e consolidação desse sistema legal e, desse modo, contribua para o combate à corrupção, sem que para isso tenhamos que lidar com o punitivismo estatal inconstitucional.

Falaremos, adiante sobre o *bis in idem,* mediante quadro comparativo de sobreposição normativa a título meramente exemplificativo, uma vez que se contrapõe na norma infrações trazidas pela Lei anticorrupção Empresarial, pela Lei de Improbidade, de ação Civil Pública e de Geral de Licitações e, por fim, por leis penais, em 4.4.

4.3.3 Tipificações na Lei Anticorrupção

Antes de adentrarmos ao plexo de sobreposição normativa e análise final de nosso recorte metodológico, é importante demonstrarmos de forma breve as tipificações trazidas na legislação anticorrupção brasileira.

Os tipos infracionais da nova Lei Anticorrupção são, em regra, mais abertos e abrangentes do que os disciplinados pelas demais leis (MACIEL; AVELAR, 2018, p. 95).

Como exemplo, observemos em quadro comparativo (4.4) as condutas descritas no art. 5º, I; art. 5º, II, e art. 5º, IV, "d", da Lei nº 12.846/13: essas são mais abrangentes que, respectivamente, o art. 333 do Código Penal; art. 11, I, da Lei de Improbidade e art. 10, VIII, da Lei de Improbidade, c/c art. 96 da Lei de Licitações.

O art. 5º, I, da Lei nº 12.846/13 faz alusão aos verbos oferecer e prometer, bem como à conduta de dar a vantagem indevida a agente público ou a terceira pessoa a ele relacionada. Essa previsão é mais abrangente do que aquela trazida pelo Código Penal no art. 333, uma vez que o tipo penal só prevê os verbos "oferecer" e "prometer", sem referência ao verbo "dar" (que tem um sentido bem mais amplo) e também na medida em que não se refere à terceira pessoa relacionada a agente público, mas tão somente ao próprio funcionário público. Em sequência, o art. 5º, II traz no seu núcleo quatro verbos ("financiar", "custear", "patrocinar" ou "subvencionar" a prática), ao passo que o art. 11, I da Lei de Improbidade prevê apenas a ação de praticar.

Podemos destacar ainda situações em que o conteúdo de alguns tipos previstos na Lei Anticorrupção coincidem quase inteiramente com aqueles trazidos pelas demais leis do quadro comparativo (4.4), o que significaria a penalização de uma mesma conduta por mais de uma lei. É o caso do art. 5º, IV, "a", da Lei nº 12.846/13, que prevê a conduta de frustrar ou fraudar o caráter competitivo das licitações. Essa previsão é quase idêntica àquela trazida pelo art. 4º, III, "b" e "c", da Lei de Ação Popular, pelo art. 10, "b", da Lei como pelos art. 88, II, e pelo art. 90 da Lei nº 8.666/93.

É preciso salientar, como explicam Maciel e Avelar, que as cominações da Lei Anticorrupção coexistem com outras normas punitivas (aplicadas a relações gerais e especiais), com as quais têm potencial identidade de sujeito, de fatos e de fundamentos e, com isso, potencial risco de lesão ao princípio do *non bis in idem* – como será melhor desenvolvido no subcapítulo a seguir (MACIEL; AVELAR, 2018, p. 97).

4.4 Análise da vedação ao *bis in idem* na Legislação Anticorrupção Brasileira

As preocupações centrais do presente estudo envolvem a busca por coerência e unidade do sistema legal de defesa da integridade administrativa. Em última instância, objetiva-se propor caminhos para conferir maior segurança jurídica aos sujeitos ativos e passivos que integram o sistema de defesa da integridade administrativa.

É incontestável que, diante da existência de normas antinômicas válidas e, portanto, aplicáveis, não se consegue segurança jurídica e nem a justiça de um sistema normativo.

Caso se tenha um sistema com normas contraditórias, a justiça também não pode ser garantida, pois a um cidadão pode-se aplicar uma norma mais benéfica e a outro a mais punitiva, o que seria extremamente injusto. Por isso, um sistema normativo tem o dever de coerência, para que cumpra os ditames de segurança jurídica e de justiça (BOBBIO, 1995, p. 110).

Havendo duplo sancionamento, não há que se olvidar do princípio do *ne bis in idem* entre as esferas penal e administrativa sancionadora, já que, se as três características que o integram - mesmo fato, mesma pessoa, em decorrência de um mesmo bem jurídico tutelado - forem coincidentes, há uma coincidência entre Direito Penal e Direito Administrativo Sancionador.

Em um sistema legal, as sanções são definidas como um conjunto de efeitos jurídicos negativos que devem ser aplicados quando um destinatário de uma norma jurídica não cumprir uma ordem ou proibição relativa a determinada conduta. Sua essência está na coerção aplicada a fim de impor a obediência a uma norma que ordene um comportamento específico. Assim entendidas, as sanções aparecem em vários ramos da lei (civil, administrativa, trabalhista e disciplinar) e, portanto, também variam em natureza.

Novamente, a saída que podemos vislumbrar a fim de mitigar as constantes sobreposições normativas, sob o argumento evidentemente punitivista de se aclarar melhor os tipos não previstos em leis anteriores, é a harmonização do exercício do poder de pudir. No entanto, essa harmonização só será possível se reconhecermos a unidade do *ius puniendi* já afirmada ao longo deste trabalho.

A falta de previsão expressa constitucional em nossa Carta Magna talvez seja o primeiro óbice à aplicação efetiva deste princípio garantidor. No entanto, ao direito penal, a vedação ao *bis in idem* configura regra já bastante consolidada que, segundo Lobo da Costa, estaria ligada ao tema concurso de normas (COSTA, 2013, p. 182).

Já ao direito administrativo sancionador, Rafael Munhoz de Melo destaca ser vedada a imposição de duas ou mais sanções administrativas ao mesmo fato, já que tal cumulação "ultrapassa a medida reputada adequada pelo legislador, razão pela qual serviria o princípio da proporcionalidade como fundamento do *non bis in idem*" (MELLO, 2007, p. 183). A autora Helena Regina (2013), no entanto, destaca que há vozes dissonantes, no sentido de que alguns defendem ainda a possibilidade de aplicação de sanções no campo financeiro, tanto no que tange assuntos concernentes ao Banco Central, quanto de competência da Comissão de Valores Mobiliários (COSTA, 2013, p. 184). Contudo, tal permissionamento ofenderia, como explicado, a proporcionalidade e a segurança jurídica.

Ademais, o Brasil é signatário do Pacto de San José da Costa Rica, que prevê expressamente em seu artigo 8.4 que "o acusado absolvido por sentença transitada em julgado não poderá ser submetido a novo processo pelos mesmos fatos" (COSTA, 2013), todavia, entende tal matéria estar restrita à área penal, o que discordamos, pois o dispositivo exarado no art. 8º teve sua redação ampla ao tratar das garantias judiciais, e não específica, como a interpretação da autora (COSTA, 2013, p. 184). Este, inclusive, foi o posicionamento da Corte Interamericana de Direitos Humanos (CIDH) que, apesar de não ter tratado do tema *bis in idem*, no caso *Paniagua Morales e outros v. Guatemala* (1998), especificamente, entendeu que a garantia prevista no art. 8º se estenderia também à ilícitos de qualquer caráter (CIDH, 1998, p. 2).

O mesmo é o entendimento do Comitê de Direitos Humanos da ONU, que já se manifestou sobre a previsão expressa do art. 14, inciso 7º do Pacto Internacional dos Direitos Civis e Políticos da Organização das Nações Unidas, promulgado pelo Brasil em 1992.

> Art. 14
>
> 7. Ninguém pode ser julgado nem punido por um delito pelo qual tenha já sido condenado ou absolvido por uma sentença definitiva, de acordo com a lei e o procedimento penal de cada país. (PIDCP, 2019)

A decisão da corte, segundo a autora Helena Regina citando Santiago Otaviano, é no sentido que a garantia ali prevista também abarcaria ilícitos considerados não penais pelo direito interno, em razão de seu objetivo caráter ou gravidade (OTAVIANO *apud* COSTA, 2013, p. 187).

A Corte Europeia de Direitos Humanos adotou critérios a fim de evitar possíveis burlas à aplicação da Convenção

Européia dos Direitos do Homem (CEDH), se adotada uma concepção formal puramente baseada no ilícito pelo direito interno, sendo que os membros poderiam utilizar sanções extremamente gravosas, desde que não de natureza (formalmente) penal, sem se adequar às exigências do Convênio.

> *ARTIGO 4°*
>
> *Direito a não ser julgado ou punido mais de uma vez*
>
> 1. Ninguém pode ser penalmente julgado ou punido pelas jurisdições do mesmo Estado por motivo de uma infracção pela qual já foi absolvido ou condenado por sentença de nitiva, em conformidade com a lei e o processo penal desse Estado.
>
> 2. As disposições do número anterior não impedem a reabertura do processo, nos termos da lei e do processo penal do Estado em causa, se factos novos ou recentemente revelados ou um vício fundamental no processo anterior puderem afectar o resultado do julgamento.
>
> 3. Não é permitida qualquer derrogação ao presente artigo com fundamento no artigo 15° da Convenção. (CEDH, 2019, p. 46)

Os critérios adotados pela corte no caso *Engel v. Países Baixos* (1976), como explica Francisco Díaz Fraile, para que países membros não pudessem burlar a norma e soubessem que estão diante de matéria penal, ficaram conhecidos como critérios *Engel* (FRAILE, 2015, p. 90). Ficou estebelecido: (i) qualificação jurídica que a infração recebe na legislação interna; (ii) análise material da natureza da infração; e (iii) grau de severidade da sanção a que o interessado está sujeito. A autora Helena Regina nos explica que o primeiro critério foi preponderante para o estabelecimento de integração entre o direito administrativo sancionador e o direito penal, que ficou especialmente claro no caso *Gradinger v. Áustria* (1998) (COSTA, 2013, p. 192-193).

Voltando ao nosso recorte do capítulo, no Brasil, as cortes regionais e superiores seguem o caminho obscuro deixado pela falta de regramento expresso constitucional de vedação ao *bis in idem*, mantendo condenações sob o argumento mágico da autonomia das instâncias, sem que, para tanto, argumentassem solidamente, em uma demonstração retórica dogmática assustadora.

> DIREITO ADMINISTRATIVO. AGRAVO DE INSTRUMENTO. EXECUÇÃO EXTRAJUDICIAL DE ACÓRDÃO DO TCU X AÇÃO PENAL X AÇÃO DE IMPROBIDADE ADMINISTRATIVA. INDEPENDÊNCIA ENTRE AS INSTÂNCIAS. INEXISTÊNCIA DE BIS IN IDEM.
>
> 1. Trata-se de agravo de instrumento interposto em face de decisão que nos autos de Execução de Título Executivo Extrajudicial, consistente em acórdão proferido pelo TCU, rejeitou a exceção de pré-executividade oposta. 2. *Com relação à alegação da existência de bis in idem na execução, por estar sendo perseguida por diversas vias processuais, tais como a execução do julgado no TCU, a ação penal e a ação de improbidade administrativa, o Supremo Tribunal Federal já firmou o entendimento de que o ato ímprobo possui natureza civil, ainda que algumas de suas sanções atinjam a esfera dos direitos políticos.* (ADI

> 2797, Rel. Min. Sepúlveda Pertence, Tribunal Pleno, j. em 15.9.2005). 3. Sendo um ato de natureza civil, e considerando a independência existente entre as instâncias, nada impede que a prática deste ato irradie efeitos nas três esferas jurídicas: penal, cível e administrativa, razão pela qual inexiste o bis in idem alegado, nos exatos termos do disposto no parágrafo 4º do artigo 37 da Constituição da República. 4. Quanto à alegada inexistência de publicação de editais e de existência de penhora de numerário suficiente à satisfação do valor executado, verifica-se que tais alegações deveriam ter sido formuladas pelo Agravante quando da apresentação da exceção de pré-executividade oposta na origem, não sendo possível sua veiculação no presente momento por se tratar de inovação, descabida em sede recursal. 5. Agravo de Instrumento desprovido.
>
> (TRF-2 - AG: 00126531720154020000 RJ 0012653-17.2015.4.02.0000, Relator: MARCELO PEREIRA DA SILVA, Data de Julgamento: 17/10/2016, 8ª TURMA ESPECIALIZADA)

E mais:

> PENAL. PROCESSO PENAL. EXTRAÇÃO DE GRANITO. ART. 2º DA LEI 8.176/91 C/C ART. 55 DA LEI 9.605/98. INOCORRÊNCIA DE BIS IN IDEM. MATERIALIDADE E AUTORIA COMPROVADAS. ARGUIÇÃO DE INÉPCIA DA DENÚNCIA. PRECLUSÃO APÓS PROLAÇÃO DE SENTENÇA. SITUAÇÃO EXCEPCIONAL QUE CONFIGURE ESTADO DE NECESSIDADE NÃO COMPROVADA. INDEPENDÊNCIA ENTRE

AS INSTÂNCIAS ADMINISTRATIVA E PENAL. RECURSO JULGADO IMPROCEDENTE. 1 - *Não há que se falar em bis in idem na imputação feita ao réu, pois a extração de granito sem a correlata autorização legal ofende as diretrizes do artigo 2º da Lei 8.176/91, que tutela o patrimônio da União coibindo sua usurpação. Já o artigo 55 da Lei 9.605/98 tutela o meio ambiente, de modo que são dois bens jurídicos distintos tutelados.* Assim, o agente, mediante uma ação afetou dois bens jurídicos distintos, cometendo dois crimes, havendo concurso formal em sua conduta. Precedentes. 2 - Houve preclusão quanto à arguição de inépcia da exordial acusatória, uma vez que já houve juízo de admissibilidade da denúncia e cognição exauriente acerca dos fatos apurados no processo no momento da prolação da sentença, conforme precedentes do STJ. 3 - No que tange à alegação de estado de necessidade e inexigibilidade de conduta diversa, não se verifica nos autos provas de fatos que demonstrem uma situação instransponível e excepcional que fizesse com que o réu extraísse granito sem a devida autorização legal. 4 - A condenação na esfera administrativa não repercute na seara criminal, uma vez que as instâncias são independentes, conforme entendimento pacífico do Supremo Tribunal Federal. 7 - Recurso do réu não provido.

(TRF-2 00114392820124025001 ES 0011439-28.2012.4.02.5001, Relator: SIMONE SCHREIBER, Data de Julgamento: 31/01/2017, 2ª TURMA ESPECIALIZADA)

Ainda:

> PENAL. CONTRABANDO. ARTIGO 334, § 1º, B, DO CÓDIGO PENAL (COM A REDAÇÃO ANTERIOR À VIGÊNCIA DA LEI Nº 13.008/2014) C/C ARTIGO § 3º DO DECRETO-LEI Nº 399/68. BIS IN IDEM. INOCORRÊNCIA. PROCEDIMENTOS ADMINISTRATIVOS. PRESUNÇÃO DE VERACIDADE E DE LEGALIDADE. AUTORIA, MATERIALIDADE E DOLO COMPROVADOS. MANUTENÇÃO DA CONDENAÇÃO. DOSIMETRIA DA PENA. CONDUTA SOCIAL. AFASTAMENTO. VALORAÇÃO NEGATIVA DA PERSONALIDADE. POSSIBILIDADE. REDUÇÃO DA PRESTAÇÃO PECUNIÁRIA. INVIABILIDADE. 1.
>
> *Inocorrência de bis in idem*, tendo em vista que o processo ora em análise trata do delito de contrabando, na forma de "manter em depósito", diferentemente do que ocorre em ação penal diversa movida em face do réu, pela prática do mesmo tipo penal, na qual é processado pelo fato de efetuar o transporte de cigarros de origem estrangeira. 2. *Os procedimentos administrativos gozam de presunção de legitimidade e de veracidade, próprias dos atos administrativos, sendo considerados provas irrepetíveis*, nos termos do artigo 155 do Código de Processo Penal. 3. O fato de o réu ostentar uma condenação penal, com trânsito em julgado, demonstra que possui uma personalidade voltada para o cometimento de crimes. Por consequência, justifica-se o deslocamento da negativação para a vetorial personalidade. 4. Para definição do valor da prestação pecuniária, dentre

> os parâmetros estabelecidos pelo artigo 45, § 1º, do CP, deve-se considerar certos fatores, de modo a não tornar a prestação em pecúnia tão diminuta a ponto de mostrar-se inócua, nem tão excessiva de maneira a inviabilizar seu cumprimento. 5. No caso, guarda proporcionalidade a pena de prestação pecuniária arbitrada na sentença, consistente em 1 (um) salário mínimo, visto que corretamente observou a capacidade econômica do réu, bem como a gravidade do delito por ele perpetrado. Incabível, destarte, a redução pretendida pela defesa.
>
> (TRF-4 - ACR: 50021598820154047101 RS 5002159-88.2015.404.7101, Relator:SEBASTIÃO OGÊ MUNIZ, Data de Julgamento: 24/01/2017, SÉTIMA TURMA)

Já os Tribunais Superiores também não reconhecem o princípio do *non bis in idem*. Vejamos:

> ADMINISTRATIVO. ATO DE IMPROBIDADE ADMINISTRATIVA. REPASSE DE VERBAS PÚBLICAS EM DESACORDO COM A LEI. SUBSUNÇÃO DOS ATOS COMO ÍMPROBOS E ALTERAÇÃO DA DOSIMETRIA DA SANÇÃO IMPOSTA. PRETENSÃO DE REEXAME FÁTICO-PROBATÓRIO. INCIDÊNCIA DO ENUNCIADO N. 7 DA SÚMULA DO STJ. I – Na origem trata-se de ação civil pública por atos de improbidade administrativa proposta pelo Ministério Público do Estado do Espírito Santo em que se sustenta, em síntese, que os acusados, Presidente da Câmara Municipal de Vitória/ES, à época dos fatos, bem como o então Diretor Financeiro do órgão legislativo, incorreram

na prática de atos de improbidade administrativa ao permitirem, de forma irregular, o repasse de verbas públicas destinadas àquela Câmara para a promoção de eventos coordenados pela entidade Mulheres Unidas de São Pedro (MUSP) e pelo Centro Educacional FAESA. II - Aduziu-se ofensa aos princípios que regem a administração pública por meio da execução de atos manifestamente ímprobos, com consequentes danos materiais e morais ao erário municipal. III - Julgou-se parcialmente procedente o pedido da ação civil pública por ato de improbidade administrativa (fls. 1.180-1.189), a fim de condenar Presidente da Câmara Municipal e o Diretor Financeiro: a) ao ressarcimento de forma solidária; b) à perda da função pública; c) à suspensão dos direitos políticos pelo período de cinco anos; d) ao pagamento de multa civil; e) à proibição de contratar ou receber benefícios ou incentivos fiscais do Poder Público. IV - No Tribunal de Justiça do Estado do Espírito Santo, decidiu-se pela manutenção parcial da sentença (fls. 1.405-1.430), alterando-a no sentido de afastar as condenações de perda da função pública e de suspensão dos direitos políticos. V - Parecer do Ministério Público Federal pelo não conhecimento do recurso especial (fls. 1.693-1.698). VI - O enfrentamento de alegações atinentes à inadequação da subsunção dos atos praticados como ímprobos demanda, para a reversão do entendimento firmado pelo Tribunal a quo, inconteste revolvimento fático-probatório. VII - Por consequência, o conhecimento da referida temática fica obstaculizado diante do verbete sumular n. 7 do

Superior Tribunal de Justiça, impondo um juízo negativo de prelibação nesse ponto. VIII - O raciocínio jurídico ora perfilhado não discrepa do adotado por esta Corte. IX - No tocante à questão da dosimetria de sanções impostas em ação de improbidade administrativa, a sua apreciação igualmente implica revolvimento fático-probatório, hipótese também inadmitida pelo verbete sumular n. 7 do Superior Tribunal de Justiça. X - Oportuno salientar que não se está diante de situação de manifesta desproporcionalidade da sanção, situação essa que, caso presente, autorizaria a reanálise excepcional da dosimetria da pena. XI - Ainda em juízo de admissibilidade, não prospera a alegação de que deveria ser aplicada a regra de crime continuado. A presente tese não merece ser conhecida, em razão do não cumprimento do pressuposto recursal objetivo - extrínseco - do prequestionamento. XII - A ausência de discussão da temática pelo Tribunal a quo constitui óbice intransponível ao conhecimento do recurso, a teor do que dispõem as Súmulas n. 282 e n. 356 do Supremo Tribunal Federal, aplicáveis analogicamente aos recursos especiais em questão. XIII - Ainda que houvesse prequestionamento expresso, a tese em comento, desenvolvida em torno do princípio do non bis in idem, não prosperaria. *Não há se falar em bis in idem, em razão do sancionamento do agente ímprobo ocorrer por condutas diversas. Ressalte-se que o postulado do non bis in idem representa uma vedação a uma dupla punição decorrente de uma mesma situação fática.* XIV - A regra de continuidade delitiva é afeta ao direito sancionador penal. Ainda que fosse

> reputada admissível a tese de continuidade delitiva, conforme sustentado pela parte recorrente, não poderia ser objeto de análise em recurso especial, por demandar incursão fático-probatória. Esclareça-se que, para se firmar um posicionamento a respeito da pertinência ou não da referida regra de exasperação, seria necessário avaliar dados objetivos e subjetivos do agente. XV - A análise da alegação de que há provas nos autos suficientes para a comprovação da continuidade delitiva demanda, necessariamente, o reexame do conjunto fático-probatório dos autos, procedimento este que esbarra no óbice contido no enunciado 7 da Súmula desta Corte. XVI - Agravo interno improvido.
>
> (STJ - AgInt nos EDcl no AREsp: 1016077 ES 2016/0299054-2, Relator: Ministro FRANCISCO FALCÃO, Data de Julgamento: 05/04/2018, T2 - SEGUNDA TURMA, Data dePublicação: DJe 10/04/2018)

E por fim:

> PROCESSUAL CIVIL. ADMINISTRATIVO. RECURSO ESPECIAL. CÓDIGO DE PROCESSO CIVIL DE 1973. APLICABILIDADE. AÇÃO CIVIL PÚBLICA. IMPROBIDADE ADMINISTRATIVA. AFRONTA AO ART. 535 DO CPC/73. INOCORRÊNCIA.APLICAÇÃODALEIN.8.429/92 A AGENTES POLÍTICOS. POSSIBILIDADE. INCIDÊNCIA DA SÚMULA N. 83/STJ. DOAÇÃO DE IMÓVEL PÚBLICO. PREFEITO. ENVIO DE PROJETO DE LEI DE EFEITOS CONCRETOS COM INTUITO DE FAVORECER PESSOA

JURÍDICA ADMINISTRADA POR FAMILIARES. APROVAÇÃO POSTERIOR PELA CÂMARA MUNICIPAL. IRRELEVÂNCIA NO CASO DOS AUTOS. DOLO. PRESENÇA. PRINCÍPIOS DA IMPESSOALIDADE E DA MORALIDADE ADMINISTRATIVA. VIOLAÇÃO. DANO AO ERÁRIO CONFIGURADO. ARQUIVAMENTO DE INQUÉRITO POLICIAL POR FALTA DE TIPICIDADE CRIMINAL. INDEPENDÊNCIA ENTRE AS INSTÂNCIAS PENAL, CIVIL E ADMINISTRATIVA. CONDENAÇÃO MANTIDA. RECURSO ESPECIAL IMPROVIDO. I - Consoante o decidido pelo Plenário desta Corte na sessão realizada em 09.03.2016, o regime recursal será determinado pela data da publicação do provimento jurisdicional impugnado. In casu, aplica-se o Código de Processo Civil de 1973. II - A Corte de origem apreciou todas as questões relevantes apresentadas com fundamentos suficientes, mediante apreciação da disciplina normativa e cotejo ao posicionamento jurisprudencial aplicável à hipótese. Inexistência de omissão. III - E pacífico o entendimento no Superior Tribunal de Justiça segundo o qual o conceito de agente público estabelecido no art. 2º da Lei n. 8.429/92 abrange os agentes políticos, como prefeitos e vereadores, não havendo bis in idem nem incompatibilidade entre a responsabilização política e criminal estabelecida no Decreto-Lei n. 201/67, com a responsabilização pela prática de ato de improbidade administrativa e respectivas sanções civis (art. 12, da LIA). IV - O recurso especial, interposto pelas alíneas a e/ou c do inciso III do art. 105 da

Constituição da República, não merece prosperar quando o acórdão recorrido encontra-se em sintonia com a jurisprudência desta Corte, a teor da Súmula n. 83/STJ. V - O réu, então Prefeito do Município de Parambu/CE, foi condenado pelo cometimento de ato de improbidade administrativa consistente no envio de projeto de lei para doação de imóvel público à Fundação Educativa e Cultural José Onilson Lima (Rádio Novo Tempo FM), administrada por seus familiares. VI - Esta Corte possui precedentes que, na verificação do cometimento de improbidade administrativa, afastam o dolo na hipótese de haver autorização legislativa prévia ao ato reputado ilícito. Todavia, no caso, a ação ilegítima imputada ao Recorrente ocorreu antes da edição de lei autorizativa, razão pela qual não há falar em ausência de dolo. O gestor público, consciente e deliberadamente, buscou favorecer fundação dirigida por seus familiares, com a doação de imóvel público cuja destinação estava afetada à construção de quadra poliesportiva, nos termos do respectivo registro. VII - O princípio da impessoalidade veda, à Administração Pública e seus representantes, a concessão de tratamentos ofensivos à isonomia, como perseguições, preconceitos, favorecimentos e privilégios. VIII - O princípio da moralidade administrativa exige do administrador público conduta pautada na boa-fé e na lealdade com os administrados. IX - Na situação examinada, verifica-se a violação aos princípios da impessoalidade e da moralidade administrativa, porquanto o réu, ao tomar a iniciativa da doação de imóvel público para o funcionamento de rádio

> gerida por seus familiares, feriu o dever de isonomia na sua atuação, concedendo benefício patrimonial público por motivos particulares, e não agiu com boa-fé e lealdade com os administrados ao desconsiderar a afetação de interesse social que restringia a destinação do bem. X - Constata-se, ainda, a ocorrência de indevido prejuízo ao erário como consequência do decréscimo patrimonial provocado e da ilicitude da doação efetuada, causada pelo vício de finalidade existente desde a iniciativa do projeto de lei. XI - *O Superior Tribunal de Justiça tem reiteradamente afirmado a independência entre as instâncias administrativa, civil e penal, salvo se verificada absolvição criminal por inexistência do fato ou negativa de autoria.* Dessa forma, o arquivamento de inquérito policial motivado por atipicidade criminal da conduta não afasta a condenação por ato de improbidade administrativa. XII - Recurso especial improvido. (STJ - REsp: 1693167 CE 2017/0155873-1, Relator: Ministra REGINA HELENA COSTA, Data de Julgamento: 04/12/2018, T1 – PRIMEIRA TURMA, Data de Publicação: DJe 12/12/2018)

As decisões colacionadas aqui não esgotam o tema, mas, como dito, afastam a aplicação do princípio do *non bis in idem*. Sendo a Lei Anticorrupção dotada de sobreposição normativa, como demonstrado nos quadros exemplificativos, certamente as cortes novamente serão instadas a se posicionar.

Ao contrário de países como o Peru, Espanha, Alemanha e Portugal, o Brasil não adotou a prevalência do juízo criminal, sendo que a discussão sobre o *ius puniendi* apenas é citada pela jurisprudência para suscitar uma suposta autonomia de instâncias, sem que tal conceito seja melhor trabalhado, o que só é feito recentemente pela doutrina, como demonstrado neste capítulo.

Saindo do arcabouço jurisprudencial, uma hipótese de uniformização de instâncias estaria ligada ao incentivo das práticas colaborativas, como a previsão legal estipulada na Lei Anticorrupção sobre os Acordos de Leniência. A eficiência do instituto esta diretamente ligada aos incentivos e riscos com os quais estão submetidos os eventuais infratores (MACIEL; AVELAR, 2018, p. 106). Consideramos, portanto, que a eficiência deste instituto esta diretamente ligada à abrangência sistêmica, sendo que uma mesma conduta poderia acionar diversas esferas punitivas. Nesse contexto, Maciel e Avelar (2018) destacam que a legislação sofreu diversas críticas, haja visto que o instituto previsto na lei não protegeria o indivíduo de eventuais sanções penais ou em outras legislações, o que de fato poderá ocorrer quando analisamos o quadro exemplificativo demonstrado neste tópico.

Cristiana Fortini destaca exatamente este ponto sensível, haja visto que, segundo ela, o acordo de leniência na lei anticorrupção não oferece a proteção que dele se esperaria. Segundo a autora, a blindagem somente existiria se o acordo de leniência fosse capaz de impedir ataques de outros agente públicos como o Ministério Público e Advocacia Pública (FORTINI, 2016, p. 55-56).

Nessa linha de pensamento, o incentivo à cooperação está diretamente ligado à extensão dos efeitos da leniência anticorrupção às outras esferas de responsabilidade: se não houver coordenação entre a leniência e outros ilícitos, em especial os de natureza penal e demais ilícitos de natureza administrativa, não haverá incentivo suficiente para que os agentes o deem leniência (LUZ; SPAGNOLO, 2016, p. 26).

Os problemas derivados da enorme sobreposição normativa, como alertado aqui, e a falta de unidade do exercício do poder, trazem consigo uma horda responsabilizatória e uma imensidão de interessados em punir condutas. A inexistência de competências claras e, na vida prática, as disputas pelo protagonismo em questões mais graves, a ausência de previsibilidade, entre outros fatores, tornam a aplicação à leniência anticorrupção uma técnica de alta temeridade e, portanto, pouco aconselhável. Devemos, então, continuar o aprofundamento do tema.

4.5 Conclusão parcial

Diante de todo o correlacionado por este capítulo, o disperso sistema normativo de combate ao fenômeno da corrupção se estrutura em uma suposta autonomia de instâncias, permitindo uma série de abusos e ilegalidades contra garantias construídas ao longo dos últimos séculos. Defendemos aqui a unidade do *ius puniedi* e o fortalecimento da compreensão do Direito Penal como ramo de *ultima ratio*, a fim de evitar que o direito administrativo sancionador ocupe a função do direito penal sem que estejam presentes as garantias mínimas, por exemplo, a vedação ao *bis in idem*.

Conjuntamente ao momento punitivista com que o direito brasileiro se depara, o conjunto de edição legislativa dispersa sem que haja o mínimo de coordenação sancionatória, traz insegurança jurídica e obsta o fortalecimento de institutos previstos na própria legislação, como é o caso do acordo de leniência.

Aqui não se está a buscar impunidade, mas uma garantia de que a conduta ilícita dos acusados seja proporcionalmente sancionada sem atecnia legal e principiológica.

CONSIDERAÇÕES FINAIS

1. O fenômeno "corrupção" remonta a milênios, não sendo exclusivo de um regime específico. A ética e a moral não são intrínsecas ao ser humano, sendo necessariamente construídas e renovadas mediante o hábito com que determinado grupo social estabelece suas relações. Por sua vez, a corrupção está amalgamada à discussão da ética e da moral, sendo ela um desvio contrário a tudo que ligamos à criação positiva no Estado Democrático de Direito. Sendo assim, diante dos nossos estudos, chega-se à conclusão de que ser humano deve buscar o seu aperfeiçoamento naquilo que o distingue de todas as outras criaturas, a razão controlando a falha moral, o que Sandel (2012) apresenta, qual seja a ganância. E ainda, concluímos que o agir moral kantiano demonstra que devemos construir normativas jurídicas de combate à corrupção calçadas neste agir, levando o destinatário da norma a se sentir partícipe da interpretação

racional das normas de conteúdo geral. Com isso, não apenas o risco punitivo deveria ser determinante do agir probo, fazendo com que situações até então não tipificadas possam fazer parte da integridade coletiva de nossa sociedade, como é por exemplo o caso da corrupção privada, que apesar de ainda não constituir ilícito, deve ser amparada pelo agir moral aqui debatido.

Compreendemos a grande importância da ética e da moral para o combate ao fenômeno da corrupção. Posto isso, concluímos que a corrupção traz em seu bojo a prevalência do interesse singular ganancioso sobre o bem comum, e tal interesse advém de um desvirtuamento moral/ético, que prefigura também um ato ilegal negativo, jamais positivo.

2. Percebe-se que, de fato, existem pesquisas – aparentemente isentas – que mostram o poder da corrupção, em algumas raríssimas exceções, de contribuir para esquivar-se da burocratização excessiva. Contudo, isso nem de longe é motivo suficiente para considerá-la como legítima. Também se demonstram argumentos no sentido de que, ao construirmos um aparato fiscalizador demasiadamente oneroso, dever-se-ia avaliar se o grau de gastos com tal aparato atingiria o benefício marginal, qual seja a diminuição dos custos da mesma corrupção. De certa forma, compreendemos tal assertiva não em uma perspectiva consequencialista, mas de que tal questão deve ser no mínimo avaliada com maior seriedade, sendo que toda política pública traz custos para a sociedade, e deveríamos, portanto, nos aprofundar no tema para entender qual o custo se deve pagar.

Não temos dúvidas, diante do analisado, de que a corrupção pode prejudicar o desenvolvimento econômico, a integridade das instituições e a capacidade do governo, se não mantida sob controle rígido por parte do poder público. Não concordamos, diante do pesquisado neste trabalho, com a ideia de que a corrupção possa, de alguma forma, fomentar a eficiência econômica, mesmo que por algum interregno de tempo ela possa causar certo desenvolvimento, mediante uma disputa de agentes sedentos de incentivos não convencionais. O que fica claro é que o argumento do qual discordamos, que sustenta o fato de a corrupção facilitar e melhorar a resolução de conflitos no relacionamento entre a esfera pública e privada, não se mantém.

Conforme demonstramos, no médio prazo, a corrupção sistêmica desgasta a legitimidade do sistema político e das instituições democráticas. Nos apegamos à perspectiva neoinstucionalista pela percepção de que as instituições desempenham um papel fundamental não somente na política, mas também no desempenho das economias. Isso se comprova pelos estudos que demonstram uma significativa queda de investimentos em países com maiores índices de corrupção. O ponto preponderante a toda política anticorrupção é a necessidade do restabelecimento da confiança da sociedade e do mercado nas instituições.

3. Com relação à análise de nosso recorte metodológico, percebe-se uma convergência em diferentes sistemas jurídicos no sentido de solidificar a vedação ao *bis in idem*. As escolhas dos diferentes sistemas analisados por nós não necessariamente percorreram o mesmo caminho. O sistema americano, apesar de incorporar a vedação ao seu sistema constitucional há mais de dois séculos, por meio da *double jeopardy clause*, precisou ouvir sua Corte Suprema dezenas de vezes até solidificar o entendimento. O critério adotado pelo sistema norte-americano, por meio do precedente *Halper*, orienta seus tribunais a aplicarem uma análise do caso concreto através de um teste, denominado "*rough justice test*", sendo que o sancionamento administrativo somente poderia ser cumulado ao penal nos casos em que o direito administrativo sancionador buscasse reparação civil ressarcitória e não punitiva. Sendo assim, a principal legislação de combate à corrupção norte-americana, o *FCPA*, ao se deparar com possibilidade de duplo sancionamento, deveria se adequar ao precedente estabelecido, evitando assim excesso punitivo.

4. No mesmo sentido de adotar um posicionamento favorável à regra do *non bis in idem*, o sistema jurídico espanhol parte da premissa do conceito unitário do *ius puniendi*, primando sempre pela prevalência do direito penal, consagrando-o como direito de *ultima ratio*. De antemão, o judiciário espanhol não desprezou a importância do direito administrativo, consagrando seus procedimentos como válidos e intactos, mas trazendo para este todas as garantias pré-existentes e há muito trabalhadas pelo direito penal. Com isso, o direito espanhol consagra definitivamente o princípio do *non bis in idem*, demonstrando que, nas situações em que sobrevierem atuação dos campos punitivos do direito que busquem combater a corrupção, a regra máxima é a de primazia do direito penal. Para tanto, o critério específico estabelecido pelo ordenamento espanhol para invocar a regra de nosso recorte é de que dever-se-ia verificar se estariam preenchidas três condições: (i) que as duas punições sejam impostas em análises dos mesmos fatos; (ii) que as imputações recaiam sobre o mesmo sujeito jurídico; e (iii) que se tratem de exames pelos mesmos fundamentos. Novamente, em análise de direito comparado, percebemos o alargamento do *non bis in idem* em clara reação ao punitivismo exarcebado.

5. Por fim, ao nos deparamos com o direito pátrio, identificamos uma extensa e complexa sobreposição normativa em que o legislador se equivoca ao prestigiar o combate à corrupção pela regra da autonomia das instâncias. O legislador, ao editar a nova norma de combate a corrupção, qual seja, a Lei nº 12.846/13, estabelece tal autonomia sem levar em consideração os pontos importantes aqui debatidos. A legislação anticorrupção tenta solidificar um instituto importante de colaboração do infrator, o Acordo de Leniência, sem se ater que, ao permitir tal autonomia de instâncias, estaria desaconselhando o próprio infrator a colaborar. Em uma breve análise de risco, não havendo unidade punitiva na lei, o infrator não encontraria proteção que o fizesse participar de qualquer acordo.

Ainda, o legislador se esquivou, como tem feito ao longo das últimas décadas, de buscar compreender melhor o nascedouro do fenômeno da corrupção, deixando de regulamentar os "clássicos" lobistas e delimitando, como sugere

Alaor Leite (2019), os três momentos principais da corrupção política: financiamento irregular, contabilização irregular e a corrupção propriamente dita. O que se vê é a "pressa" em editar normas supostamente educativas que, a nosso entender, de nada inovam, haja visto a enorme sobreposição demonstrada a título exemplificativo.

Também o poder judiciário brasileiro, que deveria, de algum modo, ser contramajoritário, em total descuido com as normas constitucionais incorporadas pelo Pacto de San José da Costa Rica, reafirma em suas cortes superiores o posicionamento antigarantista, desprivilegiando princípios como a proporcionalidade e razoabilidade. O argumento, sempre sacado da manga e usado sem pudor, da "independência das instâncias" penal e administrativa, não é capaz, por si só, de domesticar o odioso *bis in idem*. Novamente, ressaltamos não haver problemas na coexistência dos direitos sancionadores, desde que caminhem juntos às garantias mitigadoras do exercício do poder estatal.

A diminuição da corrupção é tarefa árdua, mas plenamente possível, desde que sejam efetivadas condutas necessárias e suficientes para tanto, e sem dúvida, isso somente será possível em um modelo normativo coeso, no qual o combate às práticas corruptas não seja visto apenas com objetivo político, mas como elemento jurídico, circundado pelos direitos constitucional, administrativo e penal.

REFERÊNCIAS

AJENJO, José Antonio Fernández. *El control de las Administraciones Públicas y la lucha contra la corrupción*. Especial referencia al Tribunal de Cuentas y a la Intervención. Madrid: Marcial Pons, 2011.

ARAÚJO, Florivaldo Dutra de. Reflexos da decisão judicial penal da esfera administrativo disciplinar: por uma perspectiva ampliativa da questão. *In*: BATISTA JUNIOR, Onofre Alves; CASTRO, Sérgio Pessoa de Paula. *Tendências e perspectivas do direito administrativo:* uma visão da Escola Mineira. Belo Horizonte: Fórum, 2012.

ARÊDES, Sirlene Nunes. *Limites constitucionais ao poder legislativo na tipificação de infrações administrativas de polícia e na determinação do regime jurídico de suas sanções*. 2013. (Doutorado em Direito) – Universidade Federal de Minas Gerais, Belo Horizonte, 2013. Disponível em: http://www.bibliotecadigital.ufmg.br/dspace/bitstream/handle/1843GAV/ tese_sirlene_nunes_ar_des.pdf?sequence=1. Acesso em: 03 mar. 2019.

ARISTÓTELES. *A política*. 4. ed. Rio de Janeiro: Ediouro, 2009.

ARISTÓTELES. *Ética a Nicômaco*. São Paulo: Atlas, 2009.

ATOMIC INSIGHTS. *Esso Italiana paid political parties for specific "corporate objectives" including oil instead of nuclear*. 2014 Disponível em: https://atomicinsights.com/esso-italiana-paid-political-parties/._Acesso em: 10 mar. 2019.

AVRITZER, L.; FILGUEIRAS, F. *Corrupção e sistema político no Brasil*. Rio de Janeiro: Civilização Brasileira, 2011.

BACIGALUPO, Silvina. *Derecho penal económico.* Madrid: Centro de Estudios Ramón Areces, 2001.

BARKER, E. *The Political Thought of Plato and Aristotle.* Franklin Classics. 2018.

BARROS, Gilda Naécia Maciel de. *Sólon de Atenas*: A cidade antiga. São Paulo: Humanitas/FFLCH/ USP, 1999.

BBC BRASIL. *Estudos polêmicos desafiam lógica e ligam corrupção a crescimento econômico.* Disponível em: https://www.bbc.com/portuguese/brasil-42772915. Acesso em: 14 mar. 2019.

BLAZECK, L. M. S.; MARZAGÃO JR., L. I. (Coord.). *Direito administrativo sancionador.* Apresentação de Geraldo Alckmin. São Paulo: Quartier Latin, 2014.

BOBBIO, Norberto. *Teoria do ordenamento jurídico.* 6. ed. Brasília: Editora Universidade de Brasília, 1995.

BRASIL. *Código Penal* (1940). Disponível em: http://www.planalto.gov.br/ccivil_03/decreto-lei/del2848compilado.htm. Acesso em: 20 abr. 2019

BRASIL. *Convenção da OCDE.* Presidência, Controladoria-Geral da União. Brasília: CGU, 2007.

BRASIL. *Convenção Interamericana contra a Corrupção.* Presidência, Controladoria- Geral da União. Brasília, CGU, 2007.

BRASIL. *Lei nº 12.846, de 1º de agosto de 2013.* Dispõe sobre a responsabilização administrativa e civil de pessoas jurídicas pela prática de atos contra a administração Pública, nacional ou estrangeira, e dá outras providências. *Diário Oficial da União,* Brasília, 2013. Disponível em: http://www.2014/2013/lei/l12846.htm. Acesso em: 05 mar. 2019.

BRASIL. *Lei 9.504/97.* Presidência, Brasília, CGU, 1997.

BRASIL. *Medida Provisória 703, de 18 de dezembro de 2015.* Altera a Lei nº 12.846, de 1º de agosto de 2013, para dispor sobre acordos de leniência. *Diário Oficial da União*, Brasília, 2015. – Vigência encerrada. Disponível em: http://www.plan .br/ccivil_03/_ato2015.2018/2015/Mpv/mpv703.htm. Acesso em: 08 mar. 2019.

BRASIL. Controladoria-Geral da União (CGU). *Compromissos Internacionais.* Disponível em: http://www.cgu.gov.br/PrevencãodaCorrupção. Acesso em: 15 ago. 2015.

BRASIL. Senado Federal. *Pacote Anticrime 2019*, p. 1. Disponível em: https://www12.senado.leg.br/noticias/materias/2019/04/02/pacote--anticrime-projeto-criminaliza-caixa-dois-nas-campanhas-eleitorais. Acesso em: 10 mar. 2019.

CAMPOS, Patrícia Todelo de. Comentários à Lei nº 12.846/2013. *Revista Digital de Direito Administrativo*, São Paulo, v. 2, n. 1, 2015.

CARRETERO PÉREZ, A.; CARRETERO SÁNCHEZ, A. *Derecho administrativo sancionador.* 2. ed. Madrid: Editoriales reunidas, 1995.

CERRILLO I MARTÍNEZ, Agustí. "Transparencia administrativa y lucha contra la corrupción en la Administración local". En *Anuario del Gobierno Local*, Fundación Democracia y Gobierno Local, Institut de Dret Públic, nº 4.924. 2011

CHURCH, F. Multinational Corporations and United States Foreign Policy: Hearings Before the Subcomm. *In: Multinational Corps. of the S. Comm. on Foreign Relations*, 94th Cong, 1, 1975.

CIDH. *Caso de la "Panel Blanca"* (Paniagua Morales y otros) vs. Guatemala (1998). Disponível em: http://www.corteidh.or.cr/docs/casos/articulos/seriec_37_esp.pdf. Acesso em: 15 abr. 2019.

CONDE, Francisco Muñoz. *Introducion al Derecho Penal.* Barcelona: Bosh Casa Editorial, 1975.

CUETARA, Juan Manuel de la. *La actividad de la administración.* Madrid: Tecnos, 1983.

CUNHA, A. G. da. *Dicionário Etimológico Nova Fronteira da Língua Portuguesa.* Rio de Janeiro: Nova Fronteira, 1982.

DAVIS, T.; RESNICK-AULT, J. *Hess: The Last Oil Baron.* Hoboken, NJ: John Wiley & Sons, 2015.

DE LA CUETARA, Juan Miguel. *La actividad de la Administración.* Madrid: Editorial Tecnos, 1983.

DE LA TORRE, Mateo J. The Foreign Corrupt Practices Act: Imposing na American Definition of Corruption on Global Markets. *Cornell International Law Journal*, v. 49, spring 2016, p. 469-495.

DÍAZ FRAILE, J. M. *Derecho Penal y Derecho Administrativo Sancionador*. Valencia: Tirant lo Blanch, 2015.

DI PIETRO, Maria Sylvia Zanella. *Direito Administrativo*. 24. ed. São Paulo: Atlas, 2011.

DUBBER, D. *The Police Power: Patriarchy and the Foundations of American Government*. New York: Columbia University Press, 2005.

DUBBER, M. D.; HÖRNLE, T.; OHANA, D. Regulatory Offenses and Administrative Sanctions. *The Oxford Handbook of Criminal Law*. Oxford: Oxford University Press, 2014.

DUBBER, M. D. Toward a Constitutional Law of Crime and Punishment. *Hastings Law Journal*, Vol. 55, 2004. Disponível em: https://ssrn.com/abstract=508622. Acesso em: 10 mar. 2019.

ESPANHA. *Boletín Oficial del Estado*, 2013. Disponível em: https://www.unodc.org/documents/treaties/UNCAC/CountryVisitFinalReports/2013_06_28_Spain_Final_Country_Report.pdf. Acesso em: 10 jan. 2019.

ESPANHA. Constitución Española. *Boletín Oficial del Estado*. Disponível em: https://www.boe.es/legislacion/documentos/ConstitucionCASTELLANO.pdf. Acesso em: 10 jan. 2019.

ESPANHA. Tribunal de Cuentas. *Los órganos de Control Externo de las Comunidades Autónomas*. 2018. Disponível em: www.rendiciondecuentas.es/es/informaciongeneral/controlentidades/OrganosControlExterno.html. Acesso em: 8 fev. 2018.

ESPANHA. Ministerio de Justicia. *Véase sobre ello Crónica de la Codificación Española*. I. Organización judicial. Comisión General de Codificación. Madrid. 1970, pp. 1 y ss.

ESTADOS UNIDOS. Constituição dos Estados Unidos. *14ª Emenda*. Disponível em: http://www.embaixada-americana.org.br/index.php? Acesso em: 10 fev. 2018.

ESTADOS UNIDOS. Constituição dos Estados Unidos. *5ª Emenda*. Disponível em: http://topics.law.cornell.edu/constitution/billofrights. Acesso em: 10 fev. 2018.

ESTADOS UNIDOS. Suprema Corte. *Ashe v. Swenson* (1970). Disponível em: http://supreme.justia.com/us/397/436/. Acesso em: 10 fev. 2018.

ESTADOS UNIDOS. Suprema Corte. *Bartkus v. Illinois* (1959). Disponível em: http://www.law.cornell.edu/supct/html/historics/USSC. Acesso em: 10 fev. 2018.

ESTADOS UNIDOS. Suprema Corte. *Bartkus v. Illinois* (1959). Disponível em: http://law.jrank.org/pages/23634/Bartkus-v-Illinois-Double-Jeopardy-Wholly-Uncivilized.html. Acesso em: 10 fev. 2018.

ESTADOS UNIDOS. Suprema Corte. *Palko v. Connecticut* (1937). Disponível em: https://supreme.justia.com/cases/federal/us/302/319/. Acesso em: 10 fev. 2018.

ESTADOS UNIDOS. Suprema Corte. *Benton v. Maryland* (1969). Disponível em: http://law.jrank.org/pages/23635/Benton-v-Maryland-Significance.html. Acesso em: 10 fev. 2018.

ESTADOS UNIDOS. Suprema Corte. *United States v. Halper* (1988). Disponível em: http://www.oyez.org/cases/1980-1989/1988/1988_87. Acesso em: 10 fev. 2018.

ESTADOS UNIDOS. *Louisiana Ex Rel. Francis V. Resweber*, 1947. Disponível em: https://supreme.justia.com/cases/federal/us/329/459/. Acesso em: 10 mar. 2019.

FCPA GUIDE S. Rep. No. 95-114, at 4 (1977) [hereinafter S. Rep. No. 95-114]. Disponível em: https://www.sec.gov/spotlight/fcpa/fcpa-resource-guide.pdf. This guide is United States Government property. It is available to the public free of charge online at www.justice.gov/criminal/fraud/fcpa and www.sec.gov/spotlight/fcpa.shtml.

FEDERAÇÃO DAS INDÚSTRIAS DO ESTADO DE SÃO PAULO – FIESP. 2010. Disponível em: https://www.google.com.br/url?sa=t&rct=j&q=&esrc=s&source=web&cd=2&cad=rja&uact=8&ved=0ahuKewji-p9-P-dzXahVhW5aKhurBc2MQFggvMae&url=http%3a%2F%2Fwww.

fiesp.com.br%2Farquivo-download%2F%3Fid%3d2021&usg=aovVaw3nundZskrM1WlFoJrzc3up. Acesso em: 10 fev. 2019.

FORNÉ, Diego Silva. Posibles obstáculos para la aplicación de los princípios penales ao Derecho administrativo sancionador. *In*: DÍEZ RIPOLLÉS, José Luis *et al. La ciência del derecho penal ante el nuevo siglo*: libro homenaje ai Profesor Doctor Don José Cerezo Mir. Madrid: Tecnos, 2003.

FORTINI, Cristiana; FARIA, Edmur Ferreira de. Os contornos do acordo de leniência após a medida provisória nº 703/15: promessa de sucesso ou. *Revista duc In altum Cadernos de direito*, Belo Horizonte, v. 8, n. 14, jan./abr. 2016.

FURTADO, Lucas Rocha. *As raízes da corrupção no Brasil:* estudos de caso e lições para o futuro. Belo Horizonte: Fórum, 2015.

FRIEDLAND, M. L. *"Double Jeopardy"*. Oxford: Oxford University Press, 1969. p. 3.

GARCÍA, Alejandro Nieto. *Derecho administrativo sancionador*. 4. ed. Madrid: Tecnos, 2005.

GARCÍA DE ENTERRÍA, Eduardo; FERNÁNDEZ, Tomás-Ramón. *Curso de derecho administrativo*. II. 9. ed. Madrid: Civitas, 2004.

GARCIA, L. R. *A economia da corrupção- teoria e evidências* – Uma Aplicação ao Setor de Obras Rodoviárias no Rio Grande do Sul. (Doutorado em Economia) – Faculdade de Ciências Econômicas, Universidade Federal do Rio Grande do Sul, Porto Alegre, 2003.

GÓMEZ, Alfonso Serrano. *Fraude tributário (delito fiscal)*. Madrid: Edersa, 1979.

GOMES, Diego. A corrupção enquanto fenômeno social: elemento pernicioso nas estruturas estatais ou graxa sobre as rodas da economia? *Revista de Doutrina e Jurisprudência,* Brasília, v. 2, n. 53, p. 159-172, jun. 2018.

GOMES, Luiz Flavio. *Definição de crime organizado e a Convenção de Palermo*. Disponível em: https://lfg.jusbrasil.com.br/noticias/1060739/definicao-de-crime-organizado-e-a-convencao-de-palermo. Acesso em: 20 abr. 2019.

GÓMEZ, Roberto Mayor. Los delitos de corrupción en el ámbito de la administración pública: La reforma del Código Penal introducida por la Ley Orgánica 1/2005, de 30 de marzo, y la necesaria aplicación de otras políticas públicas en la lucha contra la corrupción en la administración pública española. En *Gabilex* nº 4, 2015.

GUARAGNI, Fábio Andre; CAMBI, Eduardo (Coord.); BERTONCINI, Mateus Eduardo S. N. (Org.). *Lei Anticorrupção*: Comentários à Lei 12.846/13. São Paulo: Almedina, 2014.

HABERMAS, Jürgen. *Teoria do Agir Comunicativo 1:* Racionalidade da ação e racionalização social. Tradução de Paulo Astor Soethe. São Paulo: Editora WMF Martins Fontes, 2012.

HANSEN, R. W.; ROBERTS, D. J. *The Frank Church Papers*: A Summary Guide (Boise State Univ. ed., 1988) Disponível em: http://libraries.boisestate.edu/special/church/church.shtm. Acesso em: 10 fev. 2019.

HOBBES, Thomas. *Leviatã*: ou matéria, forma e poder de um Estado eclesiástico e civil. Tradução de João Paulo Monteiro e Maria Beatriz Nizza da Silva. Prefácio e revisão de João Paulo Monteiro. 2. ed. Lisboa: Imprensa Nacional, 1999.

HOUAISS, Antônio; VILLAR, Mauro de Salles. *Dicionário Houaiss da língua portuguesa*. Elaborado por Instituto Antônio Houaiss de Lexicografia e Banco de Dados da Língua Portuguesa S/C Ltda. Rio de Janeiro: Objetiva, 2001.

HUNTINGTON, S. P. *Political order in changing societies*. New Haven: Yale University Press, 1968.

JAEGER, Werner Wilhelm. *Paideia:* A formação do homem grego. 3. ed. São Paulo: Martins Fontes, 1994.

KANT, Immanuel. *Metafísica dos Costumes*. São Paulo: Edipro, 2003.

KLITGAARD, Robert. A Cooperação Internacional Contra a Corrupção. *Finanças e Desenvolvimento*, 1998, p. 3-14.

KLITGAARD, Robert. *Controlling Corruption*. Los Angeles: University of California Press, 1988.

KLITGAARD, Robert. *Corrupção sob Controle*. Rio de Janeiro: Zahar, 1994.

KLITGAARD, Robert. Strategies for Reform. *Journal of Democracy*, v. 2, n. 4, p. 88-100, fall, 1991.

LAMBSDORFF, Johann Graf. *The institutional economics of corruption and reform:* theory, evidence, and policy. Cambridge: Cambridge University Press, 2008.

LEFF, Nathaniel. Economic development through bureaucratic corruption. *American behavioral scientist,* n. 8, p. 8-21, nov. 1964.

LEITE, J. F. Marques; JORDÃO, A. J. Novaes. *Dicionário latino vernáculo*: etimologia, literatura, história, mitologia e geografia. Rio de Janeiro: Lanston do Brasil e Henrique Velho, 1944. p. 116.

LEYS, Colin. What is the problem about corruption? *Journal of modern African studies*. Cambridge, v. 3, ago. 1965, p. 215-30.

LOUREIRO, Antonio José. Operação Lava Jato sob a visão da ética aristotélica. *Revista Âmbito Jurídico*. Disponível em: http://www.ambito-juridico.com.br/site/?n_link=revista_artigos_leitura&artigo_id=20262&revista_caderno=15. Acesso em: 10 mar. 2019.

LUZ, Reginaldo Diogo; SPAGNOLO, Giancarlo. *Leniency, collusion, corruption, and whistleblowing*. 18 abr. 2016. Disponível em: http://ssrn.com/abstract=2773671. Acesso em: 10 mar. 2019.

MACDONELL, Arthur Anthony. *A practical Sanskrit dictionary with transliteration, accentuation and etymological analysis throughout*. Londres: Oxford University Press, Humphrey Milford, 1924. p. 263-264.

MACIEL, Caroline Stéphanie Francis dos Santos; AVELAR, Mariana Magalhães. Atos lesivos à administração Pública e o princípio *ne bis in idem*: uma análise do sistema legal de defesa da integridade administrativa. *In*: FORTINI, Cristiana (Coord.). *Corrupção e seus múltiplos enfoques jurídicos*. Belo Horizonte: Fórum, 2018.

MALCOLM, John. *Criminal Law and the Administrative State*: The Problem with Criminal Regulations. Disponível em: https://www.heritage.org/crime-and-justice/report/criminal-law-and-the-administrative-state-the-problem-criminal-regulations#_ftn1. Acesso em: 10 abr. 2019.

MAURO, Paolo. Corruption and Growth. *Quarterly Journal of Economics*, v. 110, p. 681-712, 1995.

MAURO, Paolo. Corruption and the Composition of Government Expenditure. *Journal of Public Economics*, v. 69, p. 263-279, 1998.

MIR, José Cerezo. Sanções penais e administrativas no direito espanhol. *Revista Brasileira de Ciências Criminais*, São Paulo, ano 11, n. 2, pp. 27-40, abr./jun, 1993, p. 32.

MOLINÉ, J. C. Garantías y sanciones (argumentos contra la tesis de la identidad de garantías entre la sanción punitivas. *Revista de Administración Pública*, n° 140, 1996.

MOREIRA NETO, Diogo de Figueiredo; FREITAS, Rafael Verás de. A juridicidade da Lei Anticorrupção: reflexões e interpretações prospectivas. *Fórum administrativo*, ano 14, n. 156, p. 9-20, 2014.

MORENO, Luis. La renovación de la función pública. Estrategias para frenar la corrupción política en España. En *Reis, Revista Especial de Investigación Social*, Madrid, nº 158, 2017.

MOURULLO, Gonzal Rodríguez. *Presente y futuro del delito fiscal.* Madrid: Civitas, 1974.

MYRDAL, G. Asian drama: an enquiry into the poverty of nations. *The Australian quarterly*, v. 40, n. 4, p. 118- 121, dez. 1968.

MYRDAL, Gunnar. Corruption: Its Causes and Effects. *In*: HEIDENHEIMER, A. J. (Org.). *Political Corruption: A Handbook*. 4. edição. New Brunswick: Transaction Plubishers, 1997. p. 953-961.

NOLAN, Patrick. Double Jeopardy's Multipunishment Protection and Regulation of Civil Sanctions after United States v. Ursery. *Morquetle Low Review*, Milwaukee, v. 80, n. 4, pp. 1081-1116, 1997. p. 1081.

NORTH, D. C. Institutions. *Journal of Economic Perspectives*, 5 (1), 1991, p. 97-112.

NYE, J. S. Corruption and Political Development: A Cost-Benefit Analysis. *The American Political Science Association*, v. 61, n. 2, p. 417-427, June, 1967.

OLIVEIRA, Suzana Rososki. *A controvertida natureza jurídica da Lei Anticorrupção* (Lei nº 12.846/13). 2018. Disponível em: https://canalcienciascriminais.com.br/natureza-juridica-lei-anticorrupcao/. Acesso em: 20 mar. 2019.

OSTERFELD, David. *Prosperity Versus Planning:* How Government Stifles Economic Growth. New York: Oxford University Press, 1992.

PERESI, Nathália Rocha. Corrupção Privada e Impunidade. Publicado em: Jul. 2018. Disponível em: https://www.valor.com.br/legislacao/5680563/corrupcao-privada-e-impunidade. Acesso em:10 fev. 2019.

PETRELLUZZI, Marco Vinicio; RIZEK JUNIOR, Rubens Naman. *Lei anticorrupção*: origens, comentários e análise da legislação correlata. São Paulo: Saraiva, 2014.

PIMENTEL, Matheus. *Porque o Brasil não pune corrupção privada.* Publicado em: Nov. 2017. Disponível em: https://www.nexojornal.com.br/expresso/2017/11/14/Por-que-o-Brasil-não-pune-corrupção-privada. Acesso em: 10 fev. 2019.

PLATÃO. *A República.* 4. ed. Belém: EDUFPA, 2016.

PLATÃO. *As Leis.* 2. ed. Belém: EDUFPA, 1980.

PRESTON, Paul. "Prólogo". En Jaume Muñoz Jofre. *La España corrupta.* Breve historia de la corrupción (de la restauración a nuestros días, 1875-2016). Granada: Editorial Comares, 2016.

RANDO CASERMEIRO, Pablo. *La distinción entre el Derecho Penal y el Derecho Administrativo sancionador:* un análisis de política jurídica. Valencia: Tirant lo Blanch, 2010.

REBOLLO PUIG, M. Derecho administrativo sancionador de las Comunidades Autónomas. *Revista andaluza de administración pública,* nº 1, 1990, p. 41.

RINCÓN, J. S. *Sanciones Administrativas.* Bolonia: Publicaciones del Real Colegio de España, 1989.

RINCÓN, J. S. *Sanciones Administrativas.* Bolonia: Publicaciones del Real Colegio de España, 2002.

RODRÍGUEZ, J. S. Apuntes básicos sobre la Ley de Transparencia, Acceso a la Información Pública y Buen Gobierno. *In*: SÁNCHEZ DE DIEGO FERNÁNDEZ DE LA RIVA, M. *Apuntes sobre la Transparencia*. Madrid: UCM, 2018. pp. 13-31.

ROSE-ACKERMAN, Susan. *Corruption: a study in political economy*. Londres: Academic Press, 1978.

SANDEL, M. J. *Justiça – O que é fazer a coisa certa*. Tradução de Heloísa Matias e Maria Alice Máximo. 13. ed. Rio de Janeiro, RJ: Civilização Brasileira, 2013.

SOLON, Ari Marcelo. *Direito e tradição*: o legado grego, romano e bíblico. Rio de Janeiro: Elsevier, 2009.

SPORKIN, Stanley. The Worldwide Banning of Schmiergeld: A Look at the Foreign Corrupt Practices Act on its Twentieth Birthday. *J. Int'l L. & Bus.*, v. 18, 1997, p. 269-281. Disponível em: http://www.laprensa.hn/honduras/517674-97/se-repite-la-historia-del-bananagate. Acesso em: 11 abr. 2017.

STOCKHOLM INSTITUTE OF TRANSITION ECONOMICS. Leniency, Collusion, Corruption, and Whistleblowing. *Working Paper series – Stockholm institute of Transition economics*, n. 36. Disponível em: http://swopec.hhs.se/hasite/papers/hasite0036.pdf. Acesso em: 10 mar. 2019.

TESI, Maristela Amisano. A responsabilidade penal da pessoa jurídica no sistema italiano. *Revista de Direito Brasileira*, v. 3, nº 2, 2012,

TILLIPMAN, Jessica. Gifts, Hospitality & the Government Contractor. *Briefing Papers*, Washington D.C, n. 14-7, June 2014.

TOLEDO Y UBIETO, Emilio Octavio de. *La Apreciación pública moderna*. Tradução cargo de M. González Díaz, revisada por Mariano Baena del Alcázar. Instituto Nacional de Admiminstración pública. Madrid. 1980.

TRANSPARENCY INTERNATIONAL. *Índice de Percepção da Corrupção 2017*. Disponível em: https://www.transparency.org/cpi2018. Acesso em: 15 mar. 2019.

UNITED STATES OF AMERICA. U.S. Sec. & Exch. Comm'n, Report Of The Securities and Exchange Commission on Questionable and Illegal Corporate Payments And Practices (1976), *reprinted in Special Supplement*, Sec. Reg. & L. Rep. (BNA) No. 353, at 2 (May 19, 1976) [hereinafter SEC REPORT].

UNITED STATES OF AMERICA. *United States V. Hall.* 1990. Disponível em: https://caselaw.findlaw.com/us-dc-circuit/1054396.html. Acesso em: 12 mar. 2019.

UNITED STATES OF AMERICA. *United States v. Halper.* 1988. Disponível em: *https://supreme.justia.com/cases/federal/us/490/435/.* Acesso em: 11 mar. 2019.

UNITED STATES OF AMERICA. *United States v. Sanchez-Escareno.* 1991. Disponível em: https://caselaw.findlaw.com/us-11th-circuit/1405520.html. Acesso em: 14 mar. 2019.

UNITED STATES OF AMERICA. *United States v. WRW Corp.* 1993. Disponível em: https://www.casemine.com/judgement/us/5914beb2add7b049347a9c68. Acesso em: 14 mar. 2019.

UNITED STATES OF AMERICA. *Us Code.* Disponível em: https://www.law.cornell.edu/uscode/text/18/3282. Acesso em: 14 mar. 2019.

VERA, J. B. *Derecho Administrativo.* 5. ed. Madrid: S.L. Civitas Ediciones, 1999.

WORLD ECONOMIC FORUM. *Corruption is costing the global economy $3.6 billion dollars every year.* Disponível em: https://www.weforum.org/agenda/2018/12/the-global-economy-loses-3-6-trillion-to-corruption-each-year-says-u-n/. Acesso em: 14 mar. 2019.

ZAPATER, E. B. *Sanciones administrativas* (Derecho español y comunitário). Madrid: Colex, 1991.